ヤマダ電機の品格

No.1企業の激安哲学

立石泰則
Yasunori Tateishi

講談社

ヤマダ電機の品格

No.1企業の激安哲学

装幀／坂野　公一（welle design）

ヤマダ電機の品格●No.1企業の激安哲学／目次

プロローグ●首都進出

二〇〇七（平成十九）年七月十三日、家電量販店最大手のヤマダ電機（本社・群馬県前橋市）が、東京・池袋に大型店舗「LABI池袋」をオープンさせた。地上八階・地下二階（売り場は地上七階・地下一階）、売場面積は約三五〇〇平方メートル。店舗は池袋駅東口から徒歩一分余りの好立地にあり、それまで地方都市の郊外を中心に多店舗展開を進めてきたヤマダ電機にとって、初めての都心進出であった。

オープニングセレモニーでは、挨拶に立った社長の山田昇が「お値打ち商品をお手頃価格でサービスする。親切な接客を心がける。買っていただいた後も、アフターサービスをしっかりやらせていただきます」と語ったのち、ヤマダ電機のイメージキャラクターで俳優の高嶋政伸らとともに玄関前のテープカットに臨んだ。

ちなみに、「LABI（ラビ）」とは、ヤマダ電機の造語「ライフ・アビリティ・サプライ」の頭文字から取ったもので、その意味は「豊かな生活を実現する力を提供する」という新しいスタイルの店舗コンセプトを表していた。

しかし池袋は、もともと同業のビックカメラが長年本拠地とし、本店を含め五店舗を構えるビックの牙城である。ラビ池袋の隣にはビックカメラの本店があり、斜向かいにはパソコン館が建っている。ヤマダ電機の池袋進出を迎え撃つことになったビックカメラでは、本店やパソコン館などを相次いでリニューアルし、ヤマダの攻勢に備えた。

ヤマダ電機は四十七都道府県すべてに出店（三百三十八店舗）をはたしたナショナルチェーン（全国展開する量販店）で、売上高の約一兆四千四百億円は業界トップを誇る。それも、二位のエディオンの売上高約七千四百億円に二倍の大差をつけての断トツ一位である（数字は、いずれも二〇〇七年三月期）。そのヤマダの「強さ」を象徴するものは、何と言っても低価格路線、つまり「安売り」である。

とりわけ、新規出店や新店オープンでは、その安売りに拍車がかかる。オープン記念と銘打って、薄型テレビを始め人気家電商品を特売品として格安で取り揃え、売り出すからである。結果、来店客は目当ての格安商品を求めて、開店前から長蛇の列をなすことになる。それは、ヤマダ電機の新店オープン時によく見られるいつもの風景でもある。

ラビ池袋のオープン当日も、午前十時の開店時間前には数百メートルにもおよぶ来店客の長い列が出来ていた。ヤマダ側の発表によれば、その数約二万人。

開店と同時に、その日も目玉商品である六万八千九百円の「地上デジタル液晶テレビ（二六インチ）」や三万九千八百円の「全自動洗濯乾燥機（八キロ）」、三万九千八百円の「インバーターエアコン（九畳相当）」などが売り切れた。

このような目玉商品が期間中日替わりで登場するのが、ヤマダ電機のオープン記念セールの特徴である。それは、品揃えの豊富さに自信を持つヤマダならではの商法で、他社にはなかなか真似できない。

ラビ池袋のフロアは、地下一階が「オーディオ・カー用品」、一階が「携帯電話・デジカメ」、二階が「テレビ・デジタルレコーダー」、三階が「パソコン・プリンター」、四階が「PCサプライ・企業法人窓口」、五階が「冷蔵庫・洗濯機・季節商品」、六階が「理美容・健康家電・ブランド」、七階が「CD／DVDソフト・ゲーム・玩具」で構成されていた。オープン当日は、各フロアとも来店客で混雑したが、とくにPCやテレビ売場は、買い物客の熱気で一杯だった。ラビ池袋の目標年商は、二百億円である。

他方、ヤマダ電機が進出した地域のライバル店も対抗上、安売りに走らざるを得ない。ヤマダが多店舗展開した各地では、程度の差こそあれ、「安売り合戦」が繰り広げられ、社会の耳目を集めた。なかには熾烈な安売り合戦のすえ、対抗手段がエスカレートし、ライバル企業との訴訟合戦にまで発展したケースもあった。

池袋でも、同じような「安売り合戦」が予想された。

ラビ池袋オープン当日、ビックカメラでは、池袋駅近くから本店までの沿道に多くの店員を配し、「池袋ビックカメラ祭」のタイトルのチラシやうちわ、風船などを通行人に配って宣伝に努めた。チラシには、普段は一〇パーセント程度のポイント還元サービスを最大三〇パーセント提供と謳うなど、さっそくヤマダの安売りに対する対抗手段を講じていた。

なおポイント還元サービスとは、実質的な価格の割引きのことである。例えば、一〇パーセントのポイント還元サービスといえば、買い物客が十万円の家電製品を購入したら、一万ポイント（＝一万円）が与えられる、つまり一万円分のビックカメラの商品をさらに購入できるサービスのことである。

もちろん、業界トップのヤマダ電機と同五位のビックカメラ（二〇〇六年三月時点）とでは、かなりの体力差があり、そのままではビックカメラのほうが不利なのは否定できない。しかしビックにとって、本拠地・池袋での競争に負けるわけにはいかない。また、新宿や渋谷など近隣地区の家電量販店にとっても、池袋の戦いは他人事ではない。ヤマダとビックのシェア争いが熾烈になればなるほど、安売り合戦が新宿や渋谷にまでも「飛び火」することは避けられないからである。加えて、ヤマダ電機は「若者の街・渋谷」への出店を決めていたし、副都心・新宿への進出にも意欲的である。

ラビ池袋オープン前日、ヤマダ電機は同店地下二階で記者会見を開いた。

社長の山田昇はラビ池袋の狙いやその特徴を、次のように説明した。

「この店（ラビ池袋）は、都市型店舗という位置づけです。ヤマダ電機はいままで主力として郊外型店舗を展開してきましたが、それと違った形で展開しているのがラビです。ラビ・タイプは広域商圏を設定して、そういったお客様のニーズに応えていくお店です。ヤマダ電機にはたくさんの郊外型店舗がありますが、これらを私どもはテックランドと呼んでいます。私どもの造語『トータル・エレクトロニクス・コミュニティシティ・ランド』の頭文字からとっています。私どもは、この異なる二つのタイプの店を両立させていく考えです。郊外店はお子様からお年寄りまで幅広くサービスを提供し、ラビは広域商圏を設定した中で店作りを行い、サービスする店です」

品揃えでいえば、テックランドは持ち帰りにくい大型の配送商品やエアコンや洗濯機など設置商品を中心とし、ラビではPCなどの情報関連商品やAV（オーディオ・ビジュアル、音楽と映像）商品の構成比率を高くしているというのである。つまり、市場に合ったタイプの店の全国展開を目指しているわけである。

さらに山田は、こうも言った。

「中期的に私どもは（年間）二兆円の売り上げ、長期的には（年商）三兆円を考えています。その延長線上で、こういう店舗を作っているということです。小さな商圏から大きな商圏までカバーしていくということです。すでにヤマダ電機の実績からすれば、地方によってバラツキはありますが、（国内の）市場シェアはたぶん二〇パーセント強あるのではないかと思っています。地元群馬県では五〇パーセント強のシェアですが、東京都内ではまだ六パーセントくらいで、ヤマダのシェアは低いです。そういった意味で、ラビ池袋はひとつの殻を突き破れるのではないかと期待しています」

こうしたヤマダ電機の拡大路線――「町の電気屋」からスタートし、家電量販店に転換して二十二年で年間売上高一兆円を超えるナショナルチェーンの家電量販店に急成長——を牽引してきたのは、創業経営者・山田昇の強いリーダーシップである。

しかしその「強さ」は、時には強引な商法となって表れた。例えば、他店のチラシを勝手にヤマダ電機の店舗の前に貼り出し、「(このチラシよりも) さらに値引きします」といった挑発的な販売手法を採ったことなどである。時には度が過ぎて、公正取引委員会から警告を何度も受けるなど「お行儀」の悪さも目に付く。

例えば、二〇〇七年には、大阪の大型店舗がメーカーから派遣された販売応援要員を自社の社員のように取り扱った、いわゆる「ヘルパー問題」(詳細後述) で、一月に大阪労働局から、五月には公正取引委員会から相次いで立ち入り調査を受けたことで、新聞紙上をはじめ各メディアを賑わしたものである。

いずれにせよ、程度の差こそあれ、メーカーとの協調路線を採る同業他社とは一線を画し、業界のアウトサイダーとして「安売り」を武器に各地でシェア争いを主導してきたヤマダ電機が、一社で二〇パーセント強の市場シェアを握ったいま、業界再編を促す一大勢力にまで急成長したことは否定できない現実である。

国内の家電市場は八兆円から九兆円規模と予測されているが、ヤマダ電機社長の山田昇は「シェア3割、売り上げ3兆円です。そこまでは行く」(『週刊東洋経済』、二〇〇七年五月十二日号) と目標達成に自信を見せる。そのヤマダに対抗するためには、同業他社は経営統合や合併などによる絶対的な「バイイングパワー」の確保を目指さなければならない。つまり、業界再編は避けられない。

それに対して山田は、全国展開する家電量販店で「上位3社以外は利益の取れない戦いをしている」（前掲誌）と指摘する。つまり、ナショナルチェーンでは、最終的に生き残ることが出来るのは三社に絞られるという考えである。

しかし、一兆円を超える圧倒的な売上高を誇るヤマダ電機の「強さ」は、本物なのだろうか。さらには、毀誉褒貶の激しい「ヤマダ商法」の生みの親・山田昇とは、いったいどのような経営者なのであろうか。

1 ●負けず嫌い

山田昇は、一九四三（昭和十八）年二月十一日、惣太郎・ケサギク夫妻の三男四女の末っ子として宮崎県宮崎郡佐《さ》土《ど》原《わら》町（現・宮崎市佐土原町）に生まれた。長兄は警察官で、次兄は定職を持たなかったようである。

県央に位置した佐土原町は、東は太平洋の日向灘に面し、合併前は周囲を宮崎市や現在の西《さい》都《と》市などと接していた。江戸時代は島津の佐土原藩三万石の城下町で、佐土原町は北西部の佐土原地区（通称、西佐土原地区）と海岸寄りの広瀬地区という二つの中心地区からなっていた。史跡などを多く抱える佐土原地区の中でも、とくに佐土原城跡のある上田島地区は、落ち着いたたたずまいを見せている。

ＪＲ宮崎駅からクルマを三十分から四十分ほど走らせると、道路の周囲は畑の緑一色になり、やがて人家もまばらになってくる。佐土原町に近づいたのである。上田島地区のメインストリートの一部の両側には呉服店や文房具店、割烹鮮魚店、菓子店、小さな食堂が軒を連ね、「上田島商店街」とでもいうべき通りが三〇メートルほど続いている。しかしお昼時というのに人影もまばらなうえ、いまならどこにでもあると言われるコンビニエンスストア（コンビニ）は一軒も見あたらなかった。

地元の人によれば、かつては市場もあって、それなりの賑わいを見せていたという話だが、いまやその面影はない。佐土原町も他の地方の市町村が抱える同じ悩み、過疎化に苦しめられているのだろうか。

山田昇の生家は、上田島地区のメインストリート近くに残っていた。近所の人によれば、二階建ての生家は一階が大衆食堂（うどん屋）で、二階が家族の住居だったという。さらに、山田の両親は熱心な創価学会員で信心深かったともいう。ただし、両親が営む食堂は商売繁盛というわけにはいかず、山田家の暮らし向きはお世辞にもいいとは言えなかった。

山田昇は、生家から徒歩で十分足らずの佐土原小学校へ通った。一クラス四十名程度で四クラス、全校生徒一千名ほどの小学校だった。山田が通学した昭和二十年代は、敗戦の痛手がまだ残っており、日本全体が貧しい頃である。佐土原小学校でも、靴は貴重品のため、山田を始め、ほとんどの児童が草履で通学していた。

同級生たちによれば、「山田昇」の名前と顔は覚えているものの、とくに成績が良かったとか、なにかスポーツが得意だったとかといった格別に目立った存在ではなかったという。子供らしい悪ふざけをすることもなく、真面目でおとなしい性格の同級生だったというのが、彼らに共通する山田の小学生時代の印象であった。

ところが、そんな山田のイメージを一新する出来事が、小学校高学年の時に同級生との間で起きていた。

「山田君は、クラスや学年でも（身体は）一番小さいほうでした。その山田君が、学年で身体も一番大きなガキ大将とケンカになったんです」

ケンカの原因は不明だったが、ちょうど現場に居合わせた同級生は、その時の様子をこう話してくれた。

「ガキ大将はケンカも強く手加減せんヤツだったから、本気で山田君をゲンコツで殴っていました。それでも山田君は、逃げずに向かって行きました。相手が相手ですから、ケンカは山田君の負けなのですが、それでも口惜しそうにジッと（相手を）睨みつけていました。そのとき、山田君は本当に負けず嫌いな性格なんだなと思いました」

山田昇が同級生たちに垣間見せた負けず嫌いな性格、負けん気の強さは、おそらくその後、山田が起業する時や経営上の試練に立ち向かう時の最大のモチベーションとなったものであろう。

忽然と消えた同級生

社交的ではなかった山田には友人はけっして多くはなかったが、遊び友だちがまったくいなかったというわけではない。限られた友人ではあったものの、彼らとは山や川など自然を相手によく遊んだという。

佐土原小学校を卒業すると、山田昇は小学校からそう遠くない佐土原中学校へ進んだ。中学では吹奏楽部に入部し、音楽に親しむようになった。しかし一年生の途中で、山田は同級生の前から忽然と姿を消した。それ以降、彼はほとんどの同級生と音信不通になった。郷土・佐土原町でも、業界トップのヤマダ電機社長が「あの山田君」と同一人物であることを知る人は、少ないという。

ところで、「忽然と」と書いたのには、理由が二つある。

ひとつは、もともと存在感の薄かった山田がクラスからいなくなっても、すぐにクラスで話題になることもなく、同級生の気付くのが遅くなったことである。もうひとつは、送別会やお別れの挨拶など、山田の転校を同級生に周知させる機会がもたれなかったためである。それゆえ、同級生の目には、ある日突然、山田がいなくなったように映ったのである。

山田の両親が始めた食堂は、結局、うまくいかなかった。途中から母親は、近くの病院でシーツの交換などを行う、いまでいうヘルパーのような仕事に就いて家計を助けたものの、暮らし向きが良くなることはなかった。そこで両親は、新しい生活の糧を求めて宮崎市内への転居を決めたのだった。

当時の山田家の事情を知る佐土原町の住民は、こう話す。

「店（食堂）がうまくいかんかったとね。自宅は、地元のタクシー会社が買い取りました。夜逃げ同然に宮崎市内へ引っ越しましたから、（山田昇は）佐土原（町）には、良い思い出はないんじゃないかな。でもあの頃は、日本全体が貧しい時だったから、（生活苦は）山田さんの家だけの問題じゃなかったですよ」

多感な少年期にあった山田昇にとって、あまりに寂しい故郷との別れ方であったろう。宮崎市内の中学校へ転校したのち、山田は佐土原町の同級生たちと連絡をとろうとはしなかった。

高校卒業後、山田昇は上京する。

日本ビクターを退社した理由

山田昇が卒業した一九六一（昭和三十六）年当時、地元宮崎では就職先らしい就職先はほとんどなかった。地元にこだわれば、延岡市の旭化成か日本パルプ工業（現・王子製紙）の各日南工場ぐらいであった。いきおい、高卒の就職希望者の目は県外へ、それも東京か大阪に向けられた。

そのようなひとりに地元の県立大淀高校卒業生（昭和三十三年卒）で、同窓会の会長を務める鳥山浩（江坂設備工業会長）がいる。

「じつは、山田さん（ヤマダ電機社長）が大淀高校の卒業生だという記事を、新聞か何かで読んだ記憶があったのです。そんな有名な社長が（同窓生に）おるのなら、われわれも誇りに思うべきなのですが、その後、調べたところ、どうやら間違いのようでした」

山田昇の出身高校に関する自分の勘違いを苦笑しながら紹介すると、鳥山は当時をこう回想した。

「私は昭和三十三年の卒業ですから、山田さんよりも三年早く就職したことになります。当時は中学から高校への進学率が五〇パーセント弱で、大学へ進む人は本当に少なく二〇パーセントくらいじゃなかったでしょうか。地元では就職先がほとんどなかったので、私も上京して、明電舎に入社しました。入社試験の数学の成績が一番だったので、会社から夜学に通うことを勧められました。それで私は、日本大学理工学部の夜間に入学し、昼間は明電舎の工場で働く生活を続けました」

さらに、こうもいう。

「遊ぶ時間はありましたが、月給が八千円の当時、（朝食付きの）下宿代が八千円でしたから、遊ぶどころか食事も満足にとれないありさまでした。そのため、せっかく就職したのに、生家から毎月仕送りをしてもらっていました」

東京で就職できたとしても、安定した生活が保障されていたわけではなかったのである。鳥山は四年間学び大学を卒業すると、宮崎に戻って家業（江坂設備工業）を継いだ。もともと後を継ぐつもりでいたから、大学へ入らなければ、専門学校へ通うつもりで願書も取り寄せていたという。

鳥山の話から推測するなら、山田昇が高校へ進学し無事卒業したということは、宮崎市内へ転居したあと、山田家の暮らし向きが良くなったと考えられる。しかし上京した山田は、すぐには就職せずにアルバイトをしながら、専門学校へ通ったようである。

その中でもっとも留意すべき点は、山田昇が千代田テレビ技術学校テレビ専修科（東京・上野、昼間科）で、カラーテレビの技術を学んだことである。カラーテレビは、当時の家電製品の中で最先端の技術が集積しており、その技術を習得することは家電製品全般に通じることでもあった。

そしてカラーテレビ普及の契機となる東京オリンピックが開催された一九六四（昭和三十九）年は、山田昇が千代田テレビ技術学校に入学した年である。このことは、偶然とはいえ、時代の変化や流れをいち早く読み取る山田の先見の明を感じさせる。

ちなみに、当時の千代田テレビ技術学校（のちの千代田工科芸術専門学校、現在は廃校）は、学校法人ではなく私塾のような組織であった。しかしその授業は、購入したカラーテレビを実際に分解して、その構造をひとつひとつ実践的に学ばせるという実学的な手法を取り入れた先進的なものであった。

山田昇は、その後、日本ビクター（本社・神奈川県横浜市）に入社する。カラーテレビの時代を迎え、日本ビクターも横浜以外にも、茨城や群馬県などに次々と工場を建設していた頃だった。勤務先となった前橋工場（群馬県前橋市）では、工場の品質管理や生産管理、あるいは製品の市場調査などいろいろな仕事が山田に回ってきた。

それらの仕事を、負けず嫌いな性格の山田は見事にやり遂げ、結果を出すものの、具体的な評価となって返ってくることはなかった。山田の実績の前に立ちふさがったのは、「年功序列」と「学歴」という日本企業特有の評価基準だった。いくら頑張っても、いくら成果を挙げても報われない現実に、山田の不満は募った。

のちに山田は、当時の気持ちをこう語っている。

「正当に評価してくれるなら頑張れたが、おべんちゃら使うやつがどんどん昇給していくしね。つまんないよ。組織には大抵、要領の良いやつが上にいるじゃないか」

やがて山田の不満は、ひとつの決断――「独立」へと彼を向かわせる。

《「要するに便利屋だね。部長の管理方針作りの下請けまでしてあげた。でも上が変わると、方針はコロコロ変わる。組織の歯車みたいに使われて。それで前橋工場にいたときに脱サラした」》（井本省吾著『流通戦国時代の風雲児たち』より）

カラーテレビの無料調整サービス

日本ビクターを退社した山田昇は、一九七三（昭和四十八）年五月、前橋工場にも近い前橋市総社町《そうじゃまち》に松下電器産業の系列店、いわゆるナショナルショップ「ヤマダ電化センター」（個人経営）を開業した。そのとき、山田は三十歳で、職場結婚した妻・恵美子と二人で退職金と借金を元手に始めた小さな「町の電気屋さん」だった。家賃四万五千円、八坪（約二六平方メートル）の店舗兼住居である。

ちなみに、妻の恵美子は地元群馬県の出身で、一九一八（大正七）年創立の由緒ある県立吾妻《あがつま》高校の卒業生である。卒業生の有名人には、元首相・小渕恵三の夫人がいる。

ヤマダ電化センターの開業当初は、家電製品の修理サービスが商売の中心だった。というのも、家電製品が店頭ではなく訪問販売で売られていた当時、開業間もない山田の電気店にも山田個人にも、まだ十分な社会的な信用はなく、闇雲に各家庭を訪ねても購入してくれるはずがなかったからである。

それに、東京でカラーテレビという最先端技術を学んだ山田にとって、家電製品の修理に関しては他の電気店には絶対に負けない自信があった。カラーテレビの修理ができれば、洗濯機や冷蔵庫など他の家電製品の修理は簡単だったし、何と言ってもカラーテレビを修理できる電気店は当時の前橋市にはほとんど見当たらなかった。

山田昇は、店の経営には最低月商百五十万円（採算分岐点）が必要と考え、それには三百世帯余りの顧客を確保しなければと計算した。ちなみに、七三年当時、大手都市銀行の大卒の初任給が五万二千円、国家公務員上級試験合格者（キャリア）の大卒者は五万五千六百円で、早稲田大学や慶應義塾大学の授業料が十二万円、クルマ（日産ブルーバード）が七十四万三千円の時代である。山田が目指した最低月商百五十万円という金額は、かなりハードルの高い数字だったと言える。

地道に近所を回って営業することも肝要だったが、それ以上に計画的な顧客の開拓をする必要があった。そこで山田が考え出したのが、半径数キロメートルにわたるローラー作戦である。その範囲内にある一般家庭すべてを、山田はしらみつぶしにあたった。そのさい、家庭を訪ねて回る山田にとって最大の武器となったのが、カラーテレビの無料調整サービスだった。

当時のカラーテレビは、真空管を使ったブラウン管テレビである。真空管は消耗品なので、テレビを長時間見ていると必ず摩耗した。摩耗すれば、当然、テレビの映りが悪くなる。そのため、カラーテレビの調整は不可欠だった。その調整を、山田は無料で行うことにしたのである。

テレビの調整が必要になった家庭では、山田昇の無料調整を大歓迎した。そして山田が訪問すると、喜んでテレビが設置された居間などに通したのだった。彼は調整の傍ら、その家庭で使われている家電製品を観察した。家電製品がすべてナショナル製なら、すでに懇意にしている電気店があるので、そこに割り込むことは難しい。しかし日立や東芝などいろいろなメーカーの家電製品が使われていたなら、山田の店にもチャンスがあった。

また、借家に住んでいても、高価なエアコンが部屋に備えてあれば、その家庭の暮らし向きに余裕があると判断できた。つまり、持ち家でなくても、家電製品を購入してくれる可能性のある大切な顧客を見分けられたのである。

それ以外にも、家の中に入ることでその家庭の暮らし向きから家族構成や収入などの見当もついた。そのような情報を、調整作業が終わるたびに、山田昇は顧客台帳に記入していった。これが、のちに大切な「顧客名簿」となり、彼の財産となるのである。そしてそれを、家電製品を一般家庭に売り込む時などに利用したのだった。

かくして山田昇の地道な努力は、開業一年目で目標とした年間売上高の二倍となって実る。翌一九七四（昭和四十九）年五月、山田は個人経営のヤマダ電化センターを法人組織に切り替えた。「有限会社ヤマダ電機」の誕生である。

五年後、ヤマダ電機は年商六億円、五店舗を構える優良ナショナルショップに成長していた。かつて人に使われる立場だった山田昇は、逆に「人を雇い」、マネジメントする側になっていたのである。

その間には二人の子供（一男一女）にも恵まれ、山田昇の商売熱心さにいっそうの拍車がかかることになった。

ヤマダ電機の経営は、一見すると順調そのものだった。しかし一九八〇年代に入ると、新たな難問が山田昇を悩ませることになる。しかしその試練は、同時に山田とヤマダ電機にとって、新たなステップアップへの大きなチャンスでもあった。

2 対メーカー

わずか五年の間に五店舗にも拡大させた山田昇だったが、順調に見えたヤマダ電機の経営に翳りが見え始めるのは、一九八〇年代に入った頃からである。

信頼して支店を任せていた優秀な店員が、次々とヤマダ電機を辞めて独立し、自分の店を構えるようになったのである。そのさい、彼らは支店長時代に担当した支店の優良顧客を、そのまま自分の店へ持っていった。

自らも脱サラして電気店を始めた経緯を持つ山田昇にすれば、自分と同じような道を歩もうとする彼らを引き留めることはできなかった。しかしその結果、近所に相次いで優秀なライバル店が誕生することになり、ヤマダ電機の各店舗の売り上げにも深刻な影響を及ぼすようになっていったのだった。

町の電気店にとって、稼ぎ頭は訪問販売による家電製品の売り上げである。しかも訪問販売の成否は、店員個人の力量に負うところが大きかった。つまり、優秀な店員とそうでない店員とでは、同じ訪問販売でもその売り上げには大きな差があったのである。優秀な店員を失うことは、即売り上げが落ち込むことを意味した。

とは言うものの、本店の商売に忙しい山田には、支店を回って店員を教育し、幹部を育成する余裕はなかった。しかしそのまま放置していれば、訪問販売で他店に勝つことはできないのだから、支店の経営は悪化の一途を辿るしかない。経営者として山田は、何らかの決断を下さなければならなかった。

山田昇は、自分の目が届く本店だけを残し、支店はすべて手放すことにした。支店は廃業、もしくは売却された。そして各支店が抱えていた在庫は、すべて本店に集められたため、本店内は家電製品で溢れかえることになった。

大量の在庫品を前にして、山田は思案した。とにかく、一日も早く在庫品を処分しなければ、店内を占拠した家電製品の山のため、本店の商売にも支障が出かねなかったからである。しかし従来の訪問販売のやり方で、各家庭を一軒一軒回って売り込んでいたら、いつ終わるか分からなかった。

そこで山田は、全品「オール二割引き」のチラシを作って、顧客台帳に記載したお得意様を中心に各家庭を回って配布した。いまで言う「在庫一掃処分セール」を行うことにしたのである。もちろん、山田にとっても初めての経験であった。

山田にすれば、当初から採算があっての二割引きセールではなかった。しかしセールを始めると、信じられないほどの数のお客が本店に押し寄せ、在庫品は飛ぶように売れ、すぐに売り切れた。ほとんどの来店客は配られたチラシを見て、わざわざ本店にまで足を運んでくれた住民だった。

その様子を間近に見た山田昇は、強いショックを受けた。その時の気持ちを、のちに山田は売上高一兆円の達成を記念して制作し、取引先などに配布したビデオ『夢・情熱・挑戦』の中で、こう回想している。

「家電というのは、訪問販売しかないと思っていたんです。たしかに秋葉原（東京の電気街）だとか日本橋《にっぽんばし》（大阪の電気街）は知っていました。でもああいう都会だから、店売りがきくんだろうなと思っていたんです。ですから、この北関東では、そういう形態でも売れるんだろうなと思っていたんです。非常に人が多いところだから、そういう商売はなかったんです。後で知るのですが、北海道から九州まで混売店（量販店）は、もう存在していたんです。でもメーカーも、そういう情報は（電気店に）いっさい流しませんから」

メーカーに弓を引く

当時、メーカー系列の電気店は「系列家電」（メーカー→販売会社〈問屋〉→家電小売店）と呼ばれる流通ルートで商品を仕入れていた。小売価格もメーカーの「定価」で決められており、いわゆる「メーカー支配」の強い時代だった。

その定価に反する値引き販売（安売り）を、在庫一掃セールで味をしめた山田昇は、二度、三度と続けた。当然、メーカーの指示通り定価販売を行っている周辺の同業者は、顧客をヤマダ電機に奪われることになる。彼らは、メーカーに苦情を訴え続けた。メーカーもまた、彼らの声を無視するわけにはいかない。そしてメーカー側の対抗措置は、ヤマダ電機に対して売れ筋商品を卸さない、あるいは商品の供給量を絞るといった「圧力」となって現れた。

それでも山田昇は、値引き販売を止めようとはしなかった。逆に系列店にもかかわらず、それならと松下電器以外のメーカーや現金問屋など正規ルート以外にも仕入れ先を求めるようになったのだった。

このような独自に仕入れ先を開拓し品揃えに努めることは、従来のメーカー系列から離れることを意味した。メーカー支配の強かった当時、山田の行動は、ある意味、正気の沙汰ではなかった。メーカーに弓を引くような形で系列から離れることは、松下以外の他のメーカーにとっても表だって容認できることではなかったからである。つまり、ヤマダ電機の問題は他のメーカーにとっても「明日は我が身」なのである。

そうしたリスクをとってまでも、山田昇が系列店（専売店）から混売店（量販店）への道を選び進もうとしたのは、彼の負けず嫌いな性格も一因したのであろうが、むしろ従来の家電販売の方法に限界を感じたことのほうが大きかった。

系列店に見切りを付けた理由を、のちに山田はこう語っている。

「結局、電化製品の訪問販売は邪道なんだよ。系列店はそのメーカーの商品しか売らないから、お客さんに選択の余地がないわけよ。各メーカーの商品から『(好きな商品を) 選んで下さい』というのが本当なんだ」

一九八二（昭和五十七）年には、山田昇は群馬県高崎市に量販店の二号店をオープンさせた。系列離れを進めるヤマダ電機と系列メーカーとの対立は、ますます鮮明になっていった。しかしヤマダ電機が大量の商品を売り続ける限り、メーカー側にしても「圧力」ばかりかけてはいられない。松下以外のメーカー各社は表だっては松下の「圧力」に同調したものの、裏ではヤマダとの取引の拡大を望んだ。

その意味では、売上高の急伸こそが、山田昇とヤマダ電機にとって「メーカー支配」から脱するための唯一かつ有効な武器であり、最大のレゾンデートルであった。

系列店から量販店への道を選び、ヤマダ電機を次のステップに踏み出させた山田昇にとって、翌八三年は郷里・宮崎からの「援軍」を受け入れる年になった。山田の甥の一宮忠男（現・代表取締役副社長）が有限会社ヤマダ電機に入社したのである。

一宮忠男は、宮崎県延岡市の電気店「一宮電機商会」の主人に嫁いだ山田昇の姉の長男で、一宮家は山田の両親同様、熱心な創価学会の会員だった。甥の忠男は創価大学法学部を卒業したのち、一宮電機で働いていた。さらに八三年の年末には、一宮忠男の弟・浩二（現・取締役副社長）が福岡経済大学を中退して、前橋市にやってきた。

その年の九月には山田昇はヤマダ電機を有限会社から株式会社に切り替えており、本格的に家電量販店のチェーン展開を考え始めた頃だった。そうしたヤマダ電機を取り囲む環境を考えるなら、二人の甥の入社は信頼できる人材を得たという意味では、山田にとっても心強かったであろう。また二人の甥にとっても、家業の電気店の商売がうまくいかず一九八四（昭和五十九）年いっぱいで店仕舞いしていることを考慮すれば、ヤマダ電機入りは大きなチャンスだったに違いない。

山田家に詳しい人によれば、山田昇はわが子はもちろん、兄姉の子供たちもよく可愛がったという。とくに甥たちは、幼い頃には山田によく一緒に遊んでもらい、彼らにとって山田は優しい叔父さんだったようである。また、山田の家族や一族を思う気持ちは人一倍強く、郷里・佐土原町の畜産業者に嫁いだ別の姉が町の病院に長期入院を余儀なくされると、どんなに多忙な時でも年二回はいまも必ず見舞いに訪れているという。

そのような情に厚い反面、自分や家族、一族に対する攻撃的な、あるいは会社の利益に反するような行為に対しては、山田は強い敵愾心を隠そうとはしない。つまり、内なる団結は外部に対する闘争心に転化するというわけである。

資金調達の苦難

ヤマダ電機が初めて他県へ出店したのは、一九八五（昭和六十）年にオープンした埼玉県深谷市の「深谷店」である。しかし、これを皮切りにヤマダが多店舗展開に乗り出そうとしたとき、肝心の出店に必要な資金を地元の銀行は融資しようとはしなかった。というのも、ヤマダには銀行に差し出す担保がなかったからである。

当時、ダイエーなど全国展開していたスーパーでは、余程のことがない限り、出店予定地を買収し、店舗も自社で建てるか買い取るかしていた。つまり、出店に際しては、土地・建物は自前が原則だったのである。そして次の出店のさい、保有する土地と建物を担保に銀行から融資を受け、土地の買収と店舗の建設などの出店費用に充てたのだった。これを繰り返すことで必要な出店費用を賄い、多店舗展開を可能にしたのである。

しかし山田昇は、コストを抑えるため出店予定地を買収するのではなく、借地に出店していた。たしかに借地であれば、出店のさいの初期投資は少なくて済むため多店舗展開を加速させられるというメリットがあった。だが、融資する側の銀行から見れば、土地神話が生きる当時の日本で、もっとも担保価値がある土地を担保に取れない以上、ヤマダ電機の融資要請を受け入れるわけにはいかなかった。つまり、山田の多店舗展開の手法では、銀行を始め金融機関からの融資は期待できなかったのである。

そこで山田昇は、地元銀行からの融資を諦め、大手証券会社のアドバイスを受け入れて市場から直接資金調達する道を選ぶ。

一九八九（平成元）年三月、ヤマダ電機は日本証券業協会東京地区協会に株式を店頭登録（店頭市場への上場）した。東京証券取引所への上場、いわゆる「上場」は誰もが株価の動きを見ながら、証券会社を通じて目当ての株の売買が可能なのに対し、店頭上場では証券会社の店頭で「指し値」（自分が希望する売買価格）で申し込み、他の証券会社で売買相手が見つかれば、売買が成立するものである。

その意味では、東証への上場とは違い、市場が小さいし、値動きを見ながら自由に売買できないという不自由さがある。しかし社会的な信用や経営基盤がまだ十分ではない企業にとっては、なかなか融資を受けられない環境にあって、直接市場から資金調達できるメリットは大きかった。

ヤマダ電機は、店頭上場した翌一九九〇（平成二）年からスイスフラン建ての転換社債を数回にわたって発行した。その資金を元手に、ヤマダは多店舗展開を推し進めたのだった。そしてその多店舗展開には、郷里・宮崎県への出店も含まれていた。

故郷へのわだかまり

一九九二（平成四）年七月十七日、ヤマダ電機は「宮崎本店」をオープンした。翌十八日には、地元紙「宮崎日日新聞」の朝刊に開店特別セールを知らせる全面広告が掲載された。広告ページには「でっかくＯＰＥＮしました」のタイトルのもと、日替わりで提供される大特価商品が、全面広告の半分近くを占める形で紹介されていた。

宮崎本店は、宮崎市恒久《つねひさ》の複合商業施設「パーフェクト33」の広場に出店した。広場には、地元業者が約二億五千万円をかけて建設した店舗があり、それをそのままヤマダ電機がレンタルしたのである。一部三階建ての店舗の売場面積は、県内最大級の一三〇〇平方メートルを誇る広さだった。オープンの前日には、ヤマダ電機は市内にある厚生年金会館に取引先や関係者などを招いて、いわゆる「前夜祭」を開催した。

スピーチに立った山田昇は、自分が宮崎出身であることや、群馬で始めた電気店が大手家電量販店「ヤマダ電機」に成長したことなどそれまでの経緯を簡単に振り返るとともに、宮崎本店が記念すべき百店舗目の出店になることを明らかにしたのだった。

そのうえで郷里について、こう触れた。

「念願だった郷土に店舗を出せ、こんな嬉しいことはない。この店を拠点にしてさらに（宮崎）県内に店舗展開を図り、地域経済の活性化に少しでも貢献したい」

だが、前夜祭が行われたことを知る佐土原町の住民も小学校の同級生も、ほとんどいなかった。当然、山田昇が郷土について語ったことも知らない。ただオープンの当日、佐土原小学校時代の同級生のひとりが宮崎本店に買い物に来ていた。

「昇ちゃんの顔は、覚えているんですよ。（宮崎本店が）開店した時には、（私も）行きました。（売り場に）昇ちゃんはいましたよ。顔を見て、すぐに分かりました。でも話は、しませんでした」

転校以来、山田昇には佐土原町時代の小・中学校の同級生と連絡を絶ったような状態が続いていたとはいえ、宮崎出店によって晴れて故郷に錦を飾ったはずの山田が同級生たちに何も知らせなかったのは、何故だろうか。郷里・佐土原町に対して、何かわだかまりのようなものが山田にはまだ残っていたせいなのだろうか。それが、同級生に声をかけづらくしていたのかも知れない。

しかし前佐土原町長の戸敷正は、山田昇に初めて会った時の印象を含めこう語る。

「佐土原小学校が創立百三十周年を迎えたとき、実行委員会が（校門を作り直すため）卒業生のみなさんに寄付をお願いしたことがありました。そのとき、山田さんも寄付されたと聞いていますから、故郷を捨てたとか、わだかまりのようなものをもたれているといったことはないと思いますよ」

さらに、こう言葉を継ぐ。

「私は二年ほど前（二〇〇五年頃）、東京のホテルで開催されました県人会の懇親会で山田さんにお会いしました。そのとき、私は（佐土原町の）町長でしたが、年商一兆二千億円を一兆五千億円に伸ばしたい、出店も年間五十店舗はしたいと話されていました。（山田は）腰の低い誠実な方といった印象を受けました。こういう人だから、こんなに会社を大きくすることができたんだなと思いました」

群雄割拠の本拠地

宮崎本店のオープンは、ある意味、銀行に頼らない資金調達の実現とそれに基づく順調な多店舗展開を象徴するものであった。

しかし念願の宮崎出店をはたした一九九二（平成四）年は、ヤマダ電機に二つの試練を与える契機となった年でもあった。そしてそれらは、現在の「ヤマダ商法」、つまり激安価格での販売路線への転換を促すことになった。

ひとつは、一九九一年に始まるバブル経済の崩壊である。

「バブル景気」（一九八六年十二月から九〇年二月）に沸いた日本経済は、一九九〇年二月の「株の大暴落」を契機に下り坂を転がるように落ちていき、そして長引く平成不況の時代を迎えることになる。つまり、モノが売れない時代になったのである。

ヤマダ電機は系列店から量販店に転換したとはいえ、当時は現在ほど「激安価格」を売り物にするほど安売り商法に走っていたわけではなかった。メーカー支配が強い当時、家電製品にはメーカーが指定した「定価」があり、その定価からいくら割り引くかが「安売り」の実態であった。つまり、当時のヤマダ電機の「安売り」も、あくまでも定価の「割引」価格であって、定価と比較しての「安さ」であった。

そしてバブル時代は、家電製品は価格が高くても売れたし、顧客は修理よりも買い換えを望んだ。いわば、何もしなくてもモノが売れた時代であった。ヤマダ電機もそうした環境に安住していた面は否定できず、販売管理費（経費）率は上がり続け、二〇パーセントを超えるまでになっていた。

ちなみに販売管理費率とは、正確には「売上高販売管理費比率」のことで、小売業における業務の効率化を測る指標のひとつである。売上高に占める販売管理費の比率の推移を見ることで、コストを抑えて利益を上げるという経営努力を当該企業がどれほどしているかを測ろうとするものである。

販売管理費は「販売費及び一般管理費」を表し、販売のための費用（広告宣伝費、販売手数料など）と、企業全体を運営するうえで必要な一般管理費（人件費、土地・建物の賃貸料、光熱費、福利厚生費、交際費や旅費交通費など）で構成されている。後者は売上高に関係なく固定費となるものが多い。

売上高から原価を差し引いたものが「粗利益」で、そこからさらに販売管理費を差し引けば、本業の儲けを表す「営業利益」が出てくる。販売管理費が増えれば、当然、営業利益は減る。安売りを続けながら、利益を確保しようとすれば、販売管理費を徹底的に抑える必要があった。それが、ローコスト経営であり、ローコスト体質と呼ばれるものである。従来の大手家電量販店の販管費率が二〇から二二パーセントだったのに対し、後述するコジマなど新興の家電ディスカウントストアなどは一二〜一三パーセントだったと言われる。少なくともローコスト経営を目指すなら、販管費率の一〇パーセント台は必須であった。

経費が増えれば、収益を圧迫する。だからといって、「値引き」を謳い文句にしている以上、利益確保のためとはいえ、割引率を下げるような真似はできない。そこを他店に突かれ、ヤマダ電機は顧客を奪われるようになっていったのである。

そしてそれは、数字になって明確に表れた。ヤマダ電機では店舗数の半分以上が赤字に陥り、一九九四年三月期と翌九五年の三月期には二期連続して営業赤字を記録するまでになっていたのである。

ヤマダ電機にとって、営業赤字を是正するには、なによりも失った価格競争力を取り戻さなければならない。それには、まず増大していた販売管理費率を下げる必要があった。そして販売管理費率を下げるためには、物流システムや人の配置（人件費）から店舗のスクラップアンドビルドに至るまで、あらゆる面での徹底的なコスト削減が求められた。つまり、経営をローコスト体質へ切り替えることである。

隣の栃木県では、宇都宮市に本社を置く同業のコジマが、他店を圧倒する「安さ」を売り物に躍進していた。コジマの販売管理費率は当時、ヤマダ電機の半分近い一〇パーセント台前半である。それゆえ、コジマの販売する家電商品の価格競争力が、ヤマダを始め他店と比べて群を抜いていたのは、当然といえば当然であった。

そのコジマがヤマダ電機の本拠地・群馬県へ進出し、圧倒的な「安さ」を武器にヤマダの顧客を奪っていた一社だったのである。コジマを迎え撃つには、商品構成と価格を一から見直す必要があった。

二つ目は、一九九二年一月に大規模小売店舗法（大店法）が改正され、大型店舗の出店規制が緩和されたことである。それによって、ヤマダ電機はそれまでと比べて大型店舗を他県に出店しやすくなったものの、同時にヤマダが拠点とする本社のある前橋市を始め群馬県全域も他県の有力な家電量販店から狙われることになった。

実際に一九九五（平成七）年には、前橋市のヤマダ電機本社近くに広島のダイイチ（現・デオデオ）が売場面積一五〇〇平方メートルの大型店舗を出店してきたし、福岡からはベスト電器が、大阪からは上新電機などがヤマダの牙城に攻め込んでいる。

ダイイチを始め、それら大手家電量販店は全国展開を目指し、大消費地である東京を中心とする首都圏進出を狙っていた。その足がかりとして、強力な家電量販店が不在の北関東地区、とくにもともと家電量販店の空白地帯であった群馬県を出店の対象地区に選んだのである。その結果、群馬県は県内外の有力家電量販店が群雄割拠する状態となり、いわば「陣取り合戦」の様相を呈することになった。

それはまさに、家電量販店に転換したヤマダ電機にとって、生き残りを賭けた最初で最大の試練でもあった。

3●「価格がすべて」

バブル景気に沸いた時代、家電製品は高くても飛ぶように売れた。

メーカーの保護から離れ、量販店としての道を歩み始めたヤマダ電機にとって、そのような何もしなくても売れた時代は、逆に厳しい経営を覚悟していた当初の緊張感や危機感を失わせるものであった。その象徴が、販売管理費（経費）率が二〇パーセントを超えるという「高コスト」体質になってしまっていたことである。

そのヤマダ電機を直撃したのが、一九九一（平成三）年に始まるバブル経済の崩壊と九二年の大規模小売店舗法（大店法）の改正である。価格が「高ければ売れない」時代になり、ヤマダの販売する商品は価格競争力を失うとともに、規制されていた大型店舗の出店が緩和されたため、他県から大手の家電量販店の出店攻勢を受けることになったのである。まさに、ヤマダは内憂外患の真っ直中に投げ出されたも同然であった。

そうした難局を乗り越えるには、それまでの「高コスト」体質を改めると同時に、県外からの攻勢に対抗する十分な措置を講じなければならない。つまり、それら二つの難問をヤマダ電機は、同時に解決しなければならなかった。

高コストの原因のひとつは、まず人件費である。

もちろん、人件費を減らすには社員のリストラが手っ取り早いし、速効性もある。しかし家電量販店のビジネスは、店頭で買い物客に商品を説明し販売するという意味では、ひとつのサービス業、いわば労働集約型の産業である。たんに社員を減らすだけでは、ビジネスに支障をきたしかねない。

そこでヤマダ電機では、売り場のレイアウトから見直すことで、フロアの人員を削減しても販売に影響がなく、しかも販売効率を上げる試みに取り組んだのである。

例えば、店内の真ん中にキャッシャー（会計、精算）を置き、その四方に買い物客の通り道を付けるレイアウトにしたことなどである。それによって、キャッシャーからは売り場全体の様子が分かるし、買い物客の流れもスムーズになるうえ、従来と比べて店員を少なくすることができた。

次に、物流システムの見直しにも着手した。

当時、ヤマダ電機は各店舗ごとに物流センターを置いていた。その維持管理費だけでも、月に約二千万円ほどかかっていた。そのコスト削減に腐心したヤマダでは、メーカーが県単位で保有している物流センターに目を付けた。メーカー各社の物流センターは系列の電気店に商品を卸すためのものだが、それをヤマダの各店舗とオンラインで結べば、自社の物流センターは不要になる。

ヤマダ電機は、同業他社に先駆けて一九八六（昭和六十一）年にＰＯＳ（販売時点情報管理）システムを導入していた。そこで従来のＰＯＳシステムを改良し、店舗の在庫が少なくなったら、メーカーの物流センターへ自動的に発注するシステムを開発したのである。

このようなローコスト体質への切り替えを進めると同時に、ヤマダ電機では店頭に並ぶ商品が圧倒的な価格競争力を持つ道を探ったのだった。

家電量販店が取り扱う商品は、同じメーカーから仕入れる以上、どこも同じである。なのに他店よりも価格競争力を持つには、つまり「安売り」を実現するためには、販売管理費（経費）を抑えるとともにメーカーからの仕入れ価格を安くすることである。

それには、二つの方法があった。

ひとつは、それまで以上に商品を大量に仕入れることで、メーカーに卸売価格を下げさせることである。だが大量仕入れによる大量販売の実現には、売場面積の拡大が必要不可欠である。つまり、多店舗展開が前提になる。もし多店舗展開を行うことができなければ、大量仕入れは在庫を増やすだけのリスクでしかない。つまり、多店舗展開と仕入れ価格の値下げは「対」になっているのである。

もうひとつは、仕入れ方法の変更である。

商品を大量に仕入れれば、メーカーは家電量販店を始めどの小売店でも卸売価格を値下げする。その意味では、ヤマダ電機にとって、大量仕入れは他の家電量販店との決定的な価格差を生むものではない。また、メーカーと約束した販売台数を売り上げると、それに対するマージンが家電量販店には出ていた。そのマージンを、家電量販店ではさらなる値引きの原資にしていた。つまり、それまでの仕入れ方法を採る限り、他店とそれほど仕入れ価格に差が生じないのである。

そこで山田昇は、商品の返品が可能な従来の仕入れ方法から「買い取り」に切り替えることで、メーカーに卸売価格の大幅な値下げを迫ったのだった。他方、返品のリスクがなくなるメーカーにとって、「買い取り」は在庫の恐怖から解放されることを意味した。メーカーがヤマダ電機の申し入れを受け入れ、返品可能な仕入れよりも「買い取り」で多くの値引きをしたのは、当然といえば当然であった。この変更が、のちのヤマダ電機の「安売り」の原動力となるものである。

そして同時に、買い取った以上、ヤマダ電機は商品を売り切らなければならないし、メーカーに卸売価格の値下げを今後も求めていくためには、買い取りの量を増やし続けなければならない。つまり、販売力の向上――多店舗展開の強化と集客力を上げるための新たな店舗作り――も、ヤマダにとって急務であった。

「クルマ社会」にマッチした店舗

もともと北関東（群馬県、栃木県、茨城県）地区は、自家用車の普及率が高い地域である。

一九九六年当時の都道府県別の自動車普及率によれば、とくにヤマダ電機の本社のある群馬県は第一位、栃木が三位、茨城五位と続く。ある意味、群馬県では、クルマがなければ、日常生活に支障をきたすほどの「クルマ社会」に他県と比べていち早くなっていたと言える。

そうした地域の環境を考慮すると、買い物客のほとんどがクルマで来店するのであれば、なにも地価が高く土地も少ない街中への出店にこだわる必要はなかった。郊外なら街中よりも格安で広大な敷地面積を確保できるし、道路沿いに出店すれば、クルマで来店するお客にとって、これほど便利なことはない。そのうえ、ヤマダ電機では、郊外の道路沿いへの出店に備えて「ピロティ式」と呼ばれる新しい店舗を開発していた。

ピロティ式とは、山田昇が考案したと言われるもので、店舗の一階を駐車場に、二階以上を売り場にした店舗作りである。ピロティ式ならば、暑い日でも雨の日でも、店舗の一階がいわば「屋根付きの駐車場」みたいなものだから、暑い日差しを避けることもできるし、また雨に打たれることもなく、売り場までスムーズにたどり着くことができた。

郊外型やロードサイド（道路沿い）タイプと呼ばれる店舗展開をするさい、このピロティ式は、家電量販店としては後発のヤマダ電機にとって、先行していた同業他社と競争するうえで大きな武器となった。

さらに、ヤマダ電機に「追い風」が吹く。

一九九二年の大店法の改正およびその後の規制緩和の流れは、たしかに他県の大手家電量販店によるヤマダ電機の本拠・群馬県への進出を容易にしたものの、その反面、ヤマダにとって大型店舗による出店攻勢を他店よりもいち早く取り組めるという利点をもたらしていた。というのも、先行していた家電量販店の店舗の多くが、大店法の規制もあって、売場面積五〇〇平方メートル前後の中・小型だったからである。つまり、群馬県への出店攻勢も中・小型の店舗がほとんどであった。

それに対して、ヤマダ電機では量販店展開が出遅れたこともあって中・小型の既存店が少なく、スクラップアンドビルドを進めやすい環境にあったし、大店法改正によって最初から一〇〇〇平方メートル規模の大型店舗を中心に出店する好機に恵まれたという一面があった。いや、好機を活かす経営判断をした山田昇に先見の明があったと言えるかも知れない。というのも、他の家電量販店にも大型店舗の出店のチャンスはあったのだが、彼らは将来の家電市場を見据えるよりも売場面積を拡大して売れなかった時のリスクを恐れ、大型店舗による出店に消極的だったからである。

もうひとつの追い風は、ヤマダ電機が本格的な多店舗展開を始める一九九〇年代前半までには、家電市場最大のヒット商品と言われた家庭用ＶＴＲ（録画再生機）やビデオカメラ（８ミリ）などの売れ筋商品は小型化し、購入した家電製品をその場で持ち帰る、いわゆる「お持ち帰り商品」が店頭販売の主流となっていたことである。このことも、広い駐車場を完備したヤマダ電機の店舗には有利に働いた。クルマで来店した買い物客には、購入した商品をそのまま持ち帰るうえで道路沿いにあるヤマダの大型店舗ほど利便性の高い店はないからである。

ヤマダ電機がローコスト経営への体質改善、および他県からの出店攻勢に対する備えを進めているからといって、他県の家電量販店が出店攻勢の手を緩めてくれていたわけではない。その最中にも、すでに戦いは始まっていた。ヤマダが最初に対峙した相手は、隣県の栃木県宇都宮市に本社を置く「コジマ」である。

「一円セール」——上州戦争勃発

コジマは、小島勝平が一九五五（昭和三十）年に創業した日立系列の電気店を前身に持つ家電量販店である。十年後には北関東地区でいち早く家電量販店としてスタートし、創業時から「安売り」を武器に急成長してきた。ヤマダ電機社長の山田昇と同じ高卒の小島は、いわば「安売り」の大先輩で、量販店としても栃木県に確固とした地位を築いていた。ローコスト経営でも、ヤマダよりも早くから取り組んでいた。

その小島はかつて、隣県で自分と同じように系列店から家電量販店に転換し、「安売り」を武器に成長してきたヤマダ電機社長の山田昇について、こう語っている。

《「彼（山田昇）が高崎に量販店をオープンさせた八四年頃に、初めて会いまして。山田君は、ものすごく熱心に私の話を聞いてくれましてね。この人は立派になるぞ、と思いましたよ。当時は、私も安い品物を持って行って、ヤマダさんの仕事を手伝ったこともある。以来、仕事ではいくら敵同士でも、個人的には仲のいい友人ですよ」》(『プレジデント』、一九九六年六月号)

山田昇よりも二十年近く前に家電量販店をスタートさせた小島勝平が、いわば山田の行く手に立ちふさがる最初のライバルであった。そして「ヤマダ電機対コジマ」の激しい競争が社会の耳目を大いに集めたのは、一九九四(平成六)年九月の訴訟合戦である。

そもそものキッカケは、コジマの「安売り」の対抗策として、ヤマダ電機がコジマの価格よりも必ず三パーセント安くする旨を書いたチラシを前橋市内に配布したことである。いわゆる比較広告であるが、当時としては社名もその価格もチラシに記載するなど珍しく、それゆえコジマに与えたショックも大きかった。

さっそくコジマは、実際にヤマダ電機の店舗で価格を調べた。しかし全商品の価格が、三パーセント安くなっていなかった。そこでコジマは、ヤマダのチラシの「価格表示に誤りがある」として四千五百万円の損害賠償を求めて提訴したのだった。

それに対してヤマダ電機も、店頭でコジマの価格を言えば、それよりも下げるので価格表示に誤りはないと、逆に「営業上の信用を傷つけられた」として六千万円の損倍賠償を請求して逆提訴したのである。争いは「泥仕合の様相」を呈するかと思われたところで、イメージダウンを嫌った両社が提訴を取り下げ、和解したことから取り敢えず収まった。しかし両社の対立そのものが解決したわけではなかった。それはその後も、両社の熾烈な「安売り合戦」となって表れた。

コジマの出店はドミナント戦略（特定地域に集中的に出店すること）に基づき、ヤマダ電機の本社のある群馬県前橋市や太田市などで集中的に展開されたが、コジマの出店地域の近くには必ずと言っていいほどヤマダ電機も出店して対抗した。コジマの各店舗の入り口近くに「ヤマダさんより安くします。価格を確かめてご来店下さい」の貼り紙や立て看板があれば、ヤマダの各店舗の店頭には「コジマさん対応店」や「コジマさんより安くします」と大書された貼り紙等があった。

一九九六（平成八）年四月、今度はヤマダ電機がコジマの本拠地・栃木県宇都宮市に出店した。ヤマダ電機では、テックランド宇都宮東店の「オープン記念日替り超特価」の商品として、ズラリと「一円商品」を並べた。一四型カラーテレビ、パソコン、ラジカセ、電子レンジ、二槽式電気洗濯機、充電式シェーバーなど十四品目。もちろん、販売台数は限定されていたが、価格「一円」が与えた衝撃はすさまじく、新聞をはじめ各メディアが揃って伝えたほどである。もちろん、利益が出るはずもないが、「安い」というイメージを定着させるには十分であった。すぐさま、ヤマダの一円価格に対抗して、コジマを始め他の家電量販店の中にも追随する店が現れた。

山田昇は、宇都宮出店についてこう語っている。

《「コジマは、創業以来ずっと安さを武器に成長してきた。うちはその時代時代で戦略を変え、バブル崩壊後は安さで勝負する体制を整えた。同じ戦略を持つコジマが同じマーケットの中に店を出していれば、これは徹底的に叩かざるをえない。（中略）最初にうちの本丸に来たのは、コジマなんです。だから、うちも宇都宮に出ていった。それに業界ナンバーワンを目指す以上、コジマとの戦いは避けて通るわけにはいかないんです」》（『プレジデント』、一九九六年六月号）

他方、ヤマダ電機とコジマの激しい安売り合戦は、栃木県の隣県である茨城県も巻き込んでいた。茨城県は、水戸市に本社を置く有力家電量販店「カトーデンキ販売」（現・ケーズホールディングス）の本拠地である。カトーデンキは、いわゆるモンロー主義を採り、他県への出店等にはほとんど関心を持たずにきていた。ところが、そのカトーデンキのお膝元である水戸市へコジマが出店したことから、生き残りを賭けて「安売り」に参戦することになった。カトーデンキも、ヤマダ電機とコジマの「安売り商法」を真似て、先着十名にカラーテレビを一円で販売するなど「一円セール」に打って出たのである。

かくして、北関東地区では群馬のヤマダ電機、栃木のコジマ、茨城のカトーデンキ販売の三社を中心に熾烈な安売り合戦が繰り広げられるのである。この安売り合戦が、北関東の「ＹＫ戦争」、あるいは「上州戦争」と呼ばれるものである。

だが、ケーズホールディングス社長の加藤修一によれば、「一円セール」など原価割れ覚悟の「安売り合戦」などにはそもそも反対だったし、そのような価格競争に参加したのは本意ではなかったという。

「コジマが強い頃に茨城に攻めてきて、『一円セール』や『ご縁（五円）商法』といった安売りをやりました。それで、こっちも真似してやりました。やらないとこっちが潰れてしまいますから。そうしないと、（一円セールの）チラシを見た消費者はその店のほうが安いと思いますし、やらない店は（価格が）高いと決めちゃうんですよ。しかも（一円セールなどの安売り合戦を）マスコミは取材して報道しますので、取材を受けたら誰だってうちは（値段が）高いですといったやり方はしませんから、（原価割れするような）思い切ったことをやったところが（報道で）安く見えているだけなんですよ。本当は（安売り合戦なんて）したくはないんですが、マスコミもそういう取材をして記事を載せますから、やらないと取材を受けた店だけが有利になってしまいます」

さらに、こう言葉を継ぐ。

「五十銭で仕入れて一円で売っているのなら、『一円セール』でいいですが、そんなことは絶対にあり得ないわけです。そうすると、店が利益を出せるのは安売りで赤字になった分を必ず別のところで取り返していることになります。つまり、本当は安くできる別の商品を安くしないで売っている、消費者は普段は高く買わされているということです。しかも肝心の一円セールで買えるのは、先着何名様といった一定の人です。その一定の人の中には、転売目的で買うような業者的な人もいますから、消費者のためにはならないのです」

じつは加藤には、上州戦争で一円セールなどの安売り合戦に参戦した理由が、別にもうひとつあったという。

「こちらも真似してやれば、公取委（公正取引委員会）から（一円セールなどに）待ったがかかるんじゃないかと思ったのです。一社だけがやっていると、他社がみんなで『あそこは、変だ』と言っているという話で終わってしまいます。でも周りが巻き込まれていけば、『これは、大きな問題だ』ということになって、（一円セールなど）止められるだろうと思ったのです。そうしたら、案の定、止まりました。（当事者が）公取委に呼ばれまして『ダメだ』と言われたのです。だから、相手のやり方にちょっと合わせないと、（一円セールなどは）止められないのです」

加藤の言い分は、おそらく正論である。しかしその正論を実行できるだけの体力は、他の多くの電気店にはなかった。

〝恨の人〟

その上州戦争に既存の大手家電量販店が参戦したことから、安売り合戦は熾烈さをさらに増すことになった。当時、家電量販店業界トップだった福岡のベスト電器、広島のダイイチ

（現・デオデオ）、大阪の上新電機、東京からはビックカメラなどの出店攻勢が群馬県の前橋市や高崎市などに相継いだ。

それらを迎え撃つ前橋市のヤマダ電機本店では、本店の店頭にコジマ、ダイイチ、上新電機、ビックカメラなど競合各社のチラシを貼り出し、その上に「この他店チラシより安くしています」と書き添えて挑発した。ヤマダは、あくまでも徹底した激安価格で勝負する戦略を採ったのである。

そんなヤマダ電機が特に脅威を感じたのは、本社近くにオープンしたダイイチの大型店舗だった。ヤマダは一九八七（昭和六十二）年に前橋市日吉町に本社ビルを完成させ、それにともない本社機能を移しているが、一階を店舗（本店）にしていた。つまり、ダイイチは、まさにヤマダの本店に戦いを挑んできたのである。

ヤマダ電機は最終的に上州戦争を勝ち抜くが、この戦いを通じて社長の山田昇が改めて学んだことがあった。それは、「価格がすべて」というシンプルな現実であった。

当時の山田をよく知る業界関係者は、山田の心境をこう回想する。

「山田社長は、とくにデオデオ（当時のダイイチ）が許せなかったようです。当時、売上高がヤマダより四倍以上もあったデオデオが、本社近くに一五〇〇平方メートルもの大型店舗を出したわけですから、『ヤマダを本気で潰す気か』と思ったようでした。この時の安売り合戦は凄まじく、『倒産一歩手前まで来た』と山田社長は言っていました。最終的にデオデオが前橋から撤退しますから、ヤマダは勝ったわけです。その時の気持ちを、後からよく話していました。『自分は〈真心の商い〉と言って、一所懸命やってきた。だけどもそれで、お客が店に来たか？（営業用の）クルマの横にまで〈真心の経営〉と書いて市内を回って地道に商売してきたけれども、最終的にお客は値段を見て買いに来る。やはり、価格が第一や』と」

デオデオとの熾烈な販売競争を通じて、山田昇は改めて「商売は価格がすべて」を認識させられたというのである。ある意味、ここからヤマダの強引な激安商法は始まったと言っても過言ではない。

さらに、こうも言う。

「山田社長は、韓国語でいう『恨《ハン》の人』です。だからでしょう。デオデオの社長だけは絶対に許さない、と言っていました。ヤマダ電機を倒産寸前まで追いつめた相手ですから、その恨みは一生忘れないということなのでしょう」

安売り戦争の被害者

上州戦争とまで呼ばれるほど安売り合戦が過熱したのは、一九九五年前後から九六年一杯ぐらいまでである。しかし敗者は、火付け役であるヤマダ、コジマ、カトーデンキのＹＫＫにも、大手家電量販店にもいない。

例えば、訴訟をしてまで安売り合戦を演じたヤマダ電機とコジマだが、それでどちらかが倒産したわけではない。両社の訴訟合戦や「一円セール」など激安商法を、マスコミが面白おかしく取り上げて報じたことで、逆に両社の知名度は群馬と栃木の地元から全国的に広がっている。また、「商品が安い店」という企業イメージが定着したという意味では、訴訟合戦も利益無視の「一円セール」も両社にとって非常にプラスだったと言えるかも知れない。それは、業績にも表れていた。

長引く平成不況の中でも、ヤマダ電機、コジマ、カトーデンキのＹＫＫの業績は軒並みアップしている。一九九六年三月期決算で、ヤマダ電機は売上高八百七十九億円（対前年比、四一・五パーセント増）、経常利益が二十億五千三百万円（同、一三〇・八パーセント増）で、コジマは売上高二千二百六十四億円（同、三八・五パーセント増）、経常利益が六十六億九千万円（同、八・四パーセント増）、カトーデンキは売上高七百四十一億円（同、三二・五パーセント増）、経常利益が十八億五千百万円（同、二二・二パーセント増）だった。三社はいずれも増収増益で、売上高に関しては年率三〇パーセントを超える高成長を記録していた。

では熾烈な安売り合戦のしわ寄せは、いったいどこに行ったのか。

ヤマダ電機の拠点・群馬県の商業統計調査によれば、一九九四年から九七年までの四年間に倒産もしくは転・廃業した家電販売店（殆どが町の電気店）は百店舗にものぼった。つまり上州戦争とは、赤裸々な資本主義、弱肉強食の社会を群馬県など北関東地区に再現し、強者が体力のない小さな電気店を潰して町の姿を変えたというだけの話でもある。

一九九六年に中小の電気店経営者が集まって、東京で「家電業界危機突破総決起大会」を開いているが、その大会に出席した栃木県電機商業組合理事長の栗原昭は、次のような悲鳴を週刊誌に寄せている。

《「我々は、なにも安売りがイカンと言っているんじゃないんです。あまりにも不公正な仕入れ価格などを是正できないかと、訴えているんです。このままでは町の電器店は全滅してしまいます。1円販売などの異常販売はなんとしてでもやめてもらわないと」》（『週刊宝石』、一九九六年六月六日号）

彼の危機感の正しさは、群馬県の商業統計調査で裏付けられる結果となった。

また上州戦争の影響は、地元の電気店に止まらず全国的な広がりを見せた。上州戦争から生まれた激安価格は「北関東価格」とも呼ばれたが、それは東京・秋葉原の電気街や大阪・日本橋の電気街の売り物だった「安値価格」をまったく意味のないものにしてしまっていた。販売管理費率が一〇パーセント台前半のＹＫＫと、二〇パーセント台の東京・大阪の両電気街の家電量販店では、最初から価格では勝負にならなかった。

そしてそれは、電気街としての秋葉原と日本橋の地盤沈下をもたらさずにはおかなかった。

当時、ヤマダ電機、コジマ、カトーデンキの三社は「家電量販店」だけでなく、「家電ディスカウントストア（ＤＳ）」と呼ばれることも少なくなかった。

ところで、その後のＹＫＫの歩みは、対照的なものであった。

ヤマダ電機とコジマは全国展開でしのぎを削ったものの、ケーズデンキ(旧カトーデンキ)は基本的には関東地区を動こうとはしなかった。その理由を、社長の加藤修一は、こう説明する。

「経営は経営者が交代しながら、つまりバトンタッチしながらずっと続くものです。終わりのない駅伝ですから、その途中で一位になっただけじゃ意味がないんですよ。去年よりも今年、今年よりも来年、と毎年強くなりたいとは思いますが、大きくなりたいとか、(売上高の)順位をあまり気にしちゃいけないんじゃないかな。ただ(ケーズデンキが売上高を伸ばしてきたのは)、この業界では、ある程度の成長は必要だったということです。そうでないと、メーカーさんに相手にされなくなりますから(笑)」

そして加藤は、具体的な数字を挙げた。

トップと売上高で三倍から三倍半の差までが、彼にとって「無理をしないで」追いかけるにはいいポジションで、ヒトケタ違えば、生き残るのは難しいというのである。そしてヒトケタの差を付けられた地方の家電量販店が生き残りのため、加藤に救済を依頼し、それに応じて経営統合や子会社化などを行ったため結果的に全国展開した形になっただけで、「ケーズ本体としては関東だけでやろうとしている」とも言う。

ヤマダ電機同様、ナショナルショップから家電量販店へと同じ道を歩むケーズデンキだが、その目的と方向性には天と地ほどの違いがある。

4 ● 系列販売店と家電量販店

家電製品は、メーカーの工場で生産されたのち流通（問屋、小売店）を経て、私たち消費者の元へ届けられる。この過程は、今も昔も変わらない。当初、問屋（卸売店）や小売店は、電機メーカー各社が発売する家電製品を平等に扱う傾向にあった。ところが、昭和三十（一九五五）年に入り、いわゆる「家電ブーム」を迎えると様相は一変する。メーカー各社が競うように新商品を発表するとともに、流通機構（問屋及び小売店）の系列化を進めるようになったからである。

昭和三十一年から三十五年にかけて、自動炊飯器や掃除機、トランジスタラジオ、ステレオ、テープレコーダー、クーラー、乾燥機、カラーテレビ、皿洗い機など次々と家電商品が市場に送り出されたが、とくに「三種の神器」と呼ばれた「テレビ、冷蔵庫、洗濯機」の大ヒット商品が家電ブームを牽引した。昭和三十年には三百九十億円に過ぎなかった家電製品の生産額は、昭和三十五年には三千七百億円にも拡大していた。年率五七パーセントという驚異的な高成長である。

そのような家電市場の急成長に対応するため、電機メーカー各社は量産体制の整備を急いだ。昭和三十四年前後には、メーカー各社の量産体制は整うが、それにともない大量販売の体制確立のため流通機構の系列化および再編成も本格化していった。というのも、一般消費者相手のビジネスは売れ行きを予想するのが難しく、また生産量を間違えれば、それらはすぐに品不足による商機の喪失や不良在庫となって返ってくるが、自社製品しか販売しない小売店を確保することによって安定した生産計画が立てられ、利益を確かなものにすることができたからである。

流通機構の系列化で先陣を切るのは、戦前から強力な販売網を誇っていた松下電器産業だが、それはまず卸売り（問屋）から始まった。

昭和三十三（一九五八）年、松下電器は自社製品の取扱量の拡大と販売力強化のため、メーカー各社の製品を平等に扱っていた問屋に対して松下製品の専売を要請し、応じない場合は容赦なく切り捨てた。他方、松下の系列に入った問屋とは、新たに「販売会社」を共同出資で設立し、販売エリアや取扱製品の範囲を明確にするなど地域別、製品別の強力な販売網を構築していったのだった。

そのうえで着手したのが、家電販売店（小売店、町の電気屋）の系列化である。

松下電器では、松下製品の取扱量によって系列店を区分けした。松下製品しか扱わない「ナショナルショップ」、松下製品を中心に扱う「ナショナル店会」、そして松下製品を多めに扱う「ナショナル連盟店」の三つである。当然、松下製品の取扱量の多い店ほど、松下電器では手厚い援助を施した。例えば、店内改装費や広告宣伝費用の援助、松下からの経営指導などである。

このように系列小売店を明確に選別し、ランク付けすることで、松下電器では系列小売店の育成に力を注いだのだった。ちなみに、松下の系列店網は最終的に全国津々浦々にまで広がり、約五万店にも及んだ。「販売の松下」と呼ばれたゆえんである。その結果、松下では新製品の生産は、系列店に一台ずつ置くとして最低でも五万台からスタートすることになった。このような安定した生産規模は、他社製品よりも松下製品に強い価格競争力（低価格）をもたらすものであった。

他方、松下電器のこのような系列化の動きに対して、三洋電機や早川（現・シャープ）、八欧（後のゼネラル）など他の家電メーカー各社も追随したものの、系列化への着手の遅れはいかんともしがたかった。松下の販売体制と比べてどうしても見劣りがするのは、ある意味、やむを得なかった。

家電専業メーカーvs.重電メーカー

また戦後、家電部門に新規参入していた日立製作所や東芝、三菱電機など大手電機（重電）メーカーも、販売網の拡充のため流通機構の系列化に乗り出していた。ちなみに、発電所関係で使用する発電機や変圧器などの電力設備、生産財として使われる大型電機機械を「重電製品」と呼んでいた。つまり重電メーカーは、一般消費者ではなく国や企業などの法人を主たる顧客としていた。

当初、重電メーカーの家電事業への取り組みは、家電専業メーカーと比べてはるかに遅れていた。例えば、家電ブームを牽引した三種の神器のひとつ、白黒テレビのシェアの占有率を見れば、一目瞭然である。昭和三十（一九五五）年当時、いち早く大量生産のラインを完成させた早川が二四・五パーセントで第一位、二位が松下電器の一六・九パーセント、三位が八欧の一四・九パーセント、そして三洋電機の六パーセントを合わせると家電専業メーカーが六二・三パーセントを占めている。それに対する重電メーカーは、東芝が九・八パーセント、三菱電機が四・二パーセントに過ぎず、日立と富士電機の二社はテレビの生産それ自体をまだ行っていなかった。

さらに、三種の神器の残りの製品、洗濯機と冷蔵庫を見てみよう。

電気洗濯機では、噴流式で成功を収めていた三洋電機がシェアトップの二八パーセントを獲得するとともに、松下電器が二四・二パーセントで続いている。家電専業メーカー二社だけで過半数を超える圧倒的なシェア占有率である。逆に電気冷蔵庫は重電応用製品であることもあって、重電三社で九三パーセントを占める強さを示した。ただし、電気冷蔵庫が家電製品全体に占める生産規模は、まだ非常に小さかった。

しかし家電市場における家電専業メーカーの優位は、そう長くは続かなかった。

日立製作所、東芝、三菱電機の重電三社が豊富な資金力に物を言わせて、設備の拡充と販売網の整備を本格化させたからである。

重電三社の中で、流通機構の系列化にいち早く着手したのは東芝だった。

東芝は、昭和二十八（一九五三）年にはすでに各種の製品を販売する「東芝商事」を設立していた。その東芝商事に、三十年代半ば頃から家電製品の本格的な販売を取り組ませたのである。東芝商事では、傘下に支店と営業所を全国各地に張り巡らせるとともに、東芝製品の取扱量の多い小売店を「マツダ会」（のちの東芝ストア）として組織化し、販売網の拡充に努めていた。

日立製作所は昭和三十年に家電専門の販売会社「日立家電販売」を設立し、本社営業部とともに二つの販売チャネルを確保していた。小売り段階では、戦前から日立製の汎用モーターを取り扱っていた小売店を中心に「日立チェーンストア」を組織することで、販売網の確立と系列店の強化策に乗り出していた。

三菱電機では、ミシンの総代理店であった利興商会を「菱電《りょうでん》商事」と改め、家電製品の販売を担当させた。また、三菱グループの有力企業である三菱商事の代理店をしている各地の商社を一次卸とし、販売網の強化に努めた。しかし系列への影響力は、日立などと比べてもどうしても弱く、思い切った販売策を採れずにいた。

それでもなお、重電三社は大手企業としての資金力と組織力を活かして、松下電器以外の家電専業メーカー上位三社の地位を脅かすほどにまで家電部門の強化に成功していた。例えば、昭和三十七（一九六二）年の家電市場におけるメーカー別のシェア占有率を見ると、トップは「家電の王者」松下電器の二四パーセントだが、二位には東芝の一八パーセント、三位に日立の一四パーセント、四位に三菱の一〇パーセントと重電三社が続き、上位を独占するまでになっている。ちなみに、他の家電専業メーカーは五位に三洋電機の八・八パーセント、六位に早川の五・一パーセント、七位にビクターの三・五パーセント、八位に八欧の三・五パーセント、九位にソニーの三・三パーセントと続いている。

つまり昭和三十年代の家電ブームは、いわば家電専業メーカーと重電メーカーとの家電市場をめぐる激しいシェア争いがもたらしたものでもあった。

そしてその激しい競争の過程で、メーカーによる「流通支配」は一挙に進み、家電製品の価格はメーカーが決める「定価」によって統一されたのだった。その半面、メーカーの「流通支配」は、同時に流通側に恩恵をもたらしていた。というのも、とくに小売店の系列化はメーカー側にすべての家電製品を自社ブランドで供給することと並んで、流通段階での手厚いマージンを求めるものであったからである。つまり、メーカー側は、系列体制の維持のために販売側に安定した商品の供給と利益を保証したのである。

ちなみに、当時の流通段階でのマージンは「ニーニー・パー・パー」と呼ばれ、系列の小売店に定価の二二パーセント、問屋（第一次、第二次）は八パーセントであった。メーカー側が、系列の小売店をいかに優遇していたかが分かる。そのため、問屋から小売店に衣替えするところも少なくなかった。

また、松下電器のナショナルショップのように松下製品しか取り扱わない系列店を「専売店」と呼び、系列店でありながらも他のメーカーとも取引する販売店を「混売店」と呼んで区別した。つまり、メーカー系列にありながら、他のメーカーとも取引する混売店（問屋や販売店）から、現在の「家電量販店」が生まれるのである。

過剰生産のツケ

しかし家電専業メーカーと重電メーカーの激しいシェア争いは、両陣営による過剰生産をもたらし、皮肉なことに家電ブームを終焉させることになる。

昭和三十八（一九六三）年に白黒テレビの普及率が八九パーセント、ラジオが八二パーセント、電気洗濯機が六六パーセント、電気冷蔵庫が四〇パーセントに達すると、家電市場の成長率は鈍化し始める。しかし、メーカー各社は増産体制を改めようとはしなかった。とくに白黒テレビは、昭和三十九年開催の東京オリンピックによる大幅な需要を見込んでおり、生産調整など論外だった。逆に、いっそうの増産を続けた。

しかし現実には、家電製品の需要はほぼ一巡しており、いわば買い換え時期を待つしかなかった。結局、白黒テレビは販売見込み台数を大きく割り込み、三十九年半ば頃には、メーカー及び流通段階で百二十万台もの在庫を抱え込むことになった。当時、大手メーカー一社で、業界全体のテレビ出荷台数を供給できるほど過剰設備になっていたと言われたほどである。

こうしたメーカー側の過剰生産のツケは、まず流通側に回された。

メーカー各社が、売れ筋に関係なく問屋（系列の販売会社や代理店）に製品を引き取らせたからである。いわゆるメーカーの「押し込み販売」である。建前上は独立会社とはいえ、ほとんどの販売会社はメーカーから資金援助を受けるか、系列に入っており、メーカーの意向には逆らえなかった。それゆえ、売れるはずもない家電製品をいわれるままに引き取るしかなかったのである。

それでも、販売会社にとっては、メーカーから与えられる高率のリベートはきわめて魅力的であった。たとえ仕入れ値で小売店に卸しても、高率のリベートによって利益が出る仕組みになっていたからである。そこで販売会社では、卸値を大幅に引き下げることで大量に引き取らされた商品の売り切りを図る。その結果、各地で異常な乱売合戦が生じたのである。

とはいえ、いくら「安売り」に走っても需要を超える供給があれば、商品を売り切ることは難しい。売れ残った商品は、在庫として販売会社の倉庫に眠ることになる。

かくして、系列の販売会社や代理店は、メーカーからの商品の押し込みと乱売合戦で経営難に陥っていったのである。つまり、メーカー側の一方的で、異常なほどの供給過剰の犠牲者となったのである。

松下幸之助への直訴

経営難という意味では、系列の小売店も事情は同じである。問屋からいくら安く仕入れられても、供給過剰の状態では商品が売れるはずもなかった。小売店もまた、問屋と同様に経営難に苦しめられ、転・廃業が続いた。

ただしメーカー各社は、少し事情が違った。

日立や東芝など重電メーカーは家電部門への進出によって、「総合電機メーカー」へ転換していたものの、何と言っても稼ぎ頭は重電部門で、家電部門の収益低下をカバーしても余りある利益を上げていた。また、家電部門への進出が遅れた分、そのダメージも少なかった。

他方、家電専業メーカーにとって、系列の販売会社や小売店の経営不振は、本業を直撃するだけに問題は深刻であった。とくに、「販売の松下」の異名を持つほど全国に強固な販売網を築いていた松下電器では、他社の系列だけでなく松下の系列同士の乱売合戦も生じており、その疲弊は他の家電専業メーカーの比ではなかった。

松下電器は、昭和三十九（一九六四）年七月九日から三日間、熱海のニューフジヤホテルで全国の販売会社・代理店百七十社の社長を招いて「全国販売会社代理店社長懇談会」を開催している。松下側からは、創業者の松下幸之助以下全役員、全事業部長、全国の営業所長が出席し、会場は約二百七十名の参加者で埋まった。

のちに「熱海会談」と呼ばれるものだが、出席した販売会社・代理店の社長からは次々と苦しい経営の窮状を訴える声とともに、そうした状況に対して何ら有効な手段を講じようとしない松下電器の責任を追及する声があがった。販売会社・代理店百七十社のうち黒字経営はわずか二十数社に過ぎず、なかには資本金五百万円で一億円の欠損を計上するなど、多くは借金地獄の渦中にあった。

懇談会では当初、互いの責任を追及して両者の言い分は平行線を辿るが、留意すべきは東京のある代理店の店主が松下幸之助に直談判したさいの発言である。

「会長（松下幸之助）さん、よく聞いて欲しい。われわれ松下の代理店は、いま同士討ちをしている。なるほど地区販売店（地域の電気店）の数は増えて、販売網はすみずみまで行き渡ったともいえる。しかし、そう見るのは会長さん、メーカー側の見方だ。実際の販売を受け持つわれわれとして見たら、こんなありがた迷惑なことはない。百万円の売り上げのある地域に四つも、五つも店ができたら、一店当たりの売り上げがいくらになるか。われわれは、メーカー側の無理な押し込みにも応じて、なるべく多く売ろうと努力している。しかし、実情は同じ顧客の取り合いだ。われわれの敵は東芝や日立ではなくナショナルだ。会長さん、あなたはわれわれの窮状を知っているのか」

当時、松下電器では、各事業部→各地の営業所→問屋（販売会社・代理店）→地域の販売店（系列の小売店）というルートで松下製品を流通させていた。ただし、販売会社には「正式」に決められた営業地域はなかった。いわば、メーカーと販売会社の信頼関係に基づいたものであった。というのも、東京の販売会社や代理店は東京地区を営業の対象としてきたし、わざわざ遠く離れた東北地区で商売をするなどとは考えられていなかったからである。しかも系列の小売店も、決まった系列の販売会社や代理店で仕入れることにはなっていなかった。つまり、小売店は自分の判断で仕入れ先を自由に決められたのである。

そのため、過剰生産から販売会社への「押し込み」が横行し、乱売合戦が繰り広げられるようになると、松下電器では、東京の大手販売会社が大量仕入れによる高率のリベートを武器に格安の卸売価格を実現し、遠く離れた北海道や九州地区の小売店にまで松下製品を卸すようになっていた。これでは、その地区の系列の販売会社が、小売店に松下製品を卸そうとしても売れるはずがなかった。かくして、系列の販売会社同士、そして系列店同士の戦いが全国各地で起きていたのである。

このように、松下電器に限らず、メーカーによる流通の系列化は、どこまでもメーカーの都合で進められたものであった。つまり、流通の自主性が奪われたことが、過剰生産を解消するどころか、メーカーからの「押し込み」や乱売合戦を招いた大きな原因のひとつになっていたのである。

販売体制の見直し——松下電器の場合

もちろん、流通の疲弊は、メーカーにとっても看過できる問題ではない。いち早く系列化の見直しと再建に着手したのは、松下電器だった。熱海会談で注目すべき点は、創業者の松下幸之助がメーカー側の非を全面的に認めるとともに、販売体制の見直しと改革を約束したことである。

「みなさんに対する適切な指導、指導という言葉は悪いかもしれないけれど、こうしたらどうですか、ああしたらどうですかというお世話の仕方に、やはり十分なものがなかったと思う。不況なら不況で、それをうまく切り抜ける道が必ずあったはずです。それが出来なかったことは、やはり松下電器のお世話の仕方が十分でなかったせいで、心からお詫び申し上げたい。昔、松下電器が初めて電球を作った時、売れない電球でも松下がそんなに力を入れるなら売ってあげようと、みなさんは大いに売ってくださった。松下の電球はそれで一足飛びに横綱になり、会社も盛大になった。

今日、松下があるのは本当にみなさんのおかげだと思う。それを考えると、私の方はひと言も文句を言えた義理ではない。これからは心を入れ替えて、どうしたらみなさんに安定した経営をしてもらえるか、それを抜本的に考えてみましょう。それをお約束します」

松下幸之助は、乱売合戦を防ぐとともに販売会社・代理店の経営強化のため、三つの改革を実行した。

ひとつは「地域販売制度」の導入である。これは従来の「自由」を撤廃し、系列の販売会社の営業エリアを明確にするとともに、系列の小売店にも仕入れ先の販売会社を指示したものである。つまり、それまでの販売会社・代理店と小売店の関係を一度白紙に戻させると同時に、一地区に販売会社が複数あるような場合には合併させるか、その指示に従わない場合には松下との特約関係を打ち切るなど厳しい措置によって一社に集約したうえで、新たな取引関係を結び直させる必要があった。もちろん、それには販売会社・代理店や小売店の理解と協力が前提となる。

松下電器の本丸というべき大阪地区には、一千二百社にも及ぶ販売会社・代理店、小売店があった。それらの説得には、創業者の松下幸之助が責任者としてあたった。話し合いは半年間も続いたものの、最終的には幸之助の粘り強い説得が功を奏し、最難関と予想された大阪地区は松下の地域販売制度の導入を受け入れた。それを契機に、東京を始め全国各地でスムーズな受け入れが続いた。

そのさい、松下電器では従来の系列店制度を見直し、混売店であるナショナル店会やナショナル連盟店を系列から外し、松下製品の専売店、つまりナショナルショップだけを系列店とした。そして系列店には、松下から資金援助や経営指導など従来以上の手厚いサポートが与えられたのである。

二番目は、「事業部直販制」の導入である。松下製品は、松下の事業部→各地の松下の営業所→問屋である販売会社・代理店（いずれも独立した会社）→小売店という流通ルートを通って流れていた。そのルートから営業所を外し、事業部と販売会社の直取引に改めることで流通経路の簡素化を図るとともに、事業部が生産から販売まで一貫した責任を持つようにしたのである。また、これによって、事業部には販売会社を通じて消費者の声がすぐに反映させられるようになった。

三番目が、月賦販売制度の改革である。

松下電器の月賦販売会社は当時、全国各地に約五十社あった。そして代金の回収以外にも、松下製品の販売業務も行っていた。つまり、小売店には、系列の販売会社から松下製品を仕入れる正規ルート以外にも、月賦販売会社を通じて同じ松下製品が流れていたのである。しかし二つの仕入れルートを持つことは、小売店から見れば、同じ松下製品が同時に卸されることになり、手間が煩雑化し負担が増えるだけであった。そこで、松下幸之助は月賦販売会社を、いまでいうクレジット会社に衣替えさせ、代金の回収のみに専念させるようにしたのである。これによって、小売店は月賦販売しても現金販売と実質的に同じになり、代金の未回収というリスクがなくなった。

このようにして、松下電器では、流通の系列化の見直しを含む販売体制の改革を断行したのである。その結果、系列店は従来の約五万店から約二万七千店まで激減したものの、松下製品の専売店に系列小売店を限定したことで、松下と系列店の結びつきはより強化された。とくにナショナルショップの店主たちは、創業者・松下幸之助が唱える松下電器と系列小売店の「共存共栄」の経営理念に強い共感を覚えた。店主たちは、いわば松下教の信者で、幸之助に対するロイヤリティの高さは、他のメーカーと系列店の間では見られないものであった。

松下幸之助は販売体制の改革を終えると、次に乱売合戦の最大の原因である過剰生産の修正に乗り出した。当時、家電業界には、日立や東芝、三菱、三洋、早川、そして松下の六社の首脳が定期的に集まって、情報交換をはじめ業界全体の問題を話し合う懇談会が設けられていた。東京・虎ノ門のホテルオークラが定席だったため、「オークラ会」の呼び名が付けられていた。この会の生みの親が、松下幸之助である。

松下幸之助は、そのオークラ会で過剰生産による過当競争を防ぐためには、業界全体で生産の自主調整を行う必要性を訴えたのだった。まもなく、家電業界は足並みを揃えて生産調整に乗りだし、乱売合戦に終止符が打たれた。

家電量販店の業界団体「NEBA」

いずれにしても、メーカーによる過剰生産がもたらした乱売合戦によって、販売会社・代理店や小売店の流通は大きな経営の痛手を負うことになったものの、それを解決する能力があったのもメーカーだったことは否定できない。つまり、それほどメーカーの流通支配は強固だったのである。

しかしそれは、「永遠」も「絶対」も保証するものではなかった。というのも、松下電器以外のメーカー各社すべてが、松下のような徹底した系列の見直しと販売体制の強化策を実行できたわけではなかったからだ。

高度経済成長の全盛期を迎えると、家電製品の販売チャネルは多様化し始める。急成長著しい総合スーパーでも家電製品を扱うようになり、とくにダイエーは「メーカーからの価格決定権の奪取」を謳って、家電製品の「安売り」を始めたため、家電メーカーとの軋轢を起こすようになった。中でも家電業界トップの松下電器は、定価販売を続ける系列小売店を守るためにも、ダイエーとの対決を鮮明にし、松下製品の出荷停止まで行うほどであった。

しかし、系列店以外の販売チャネルの拡大は時代の趨勢で、松下といえども止められるものではなかった。事実、「町の電気屋さん」である系列店に対し、混売店は大型店舗化し「家電量販店」へと発展していた。いくらメーカーが系列店を手厚く扱っても、家電量販店が持つ「バイイングパワー」は、無視できないほど一大勢力となりつつあった。その象徴が、昭和四十七（一九七二）年二月、全国の家電量販店七十九社が参加して設立された「日本電気専門大型店協会（略称・ＮＥＢＡ《ネバ》）」である。

ＮＥＢＡの設立趣意書には、その目的をこう記してある。

「わが国家電専門大型店の健全な普及と発展を図ることにより、小売業経営の改善を通じて、家電流通業の合理化、近代化を推進するとともに、良品・適正価格をモットーに消費生活の向上に寄与すること」

また、ＮＥＢＡの活動についても触れている。

「われわれは広く全国の専門大型店に呼びかけ、相互の協力のもとに、家電流通業の大型近代化を図ることによって、消費者の経済に貢献し、わが国の電機産業の健全な発展に寄与したいと念願しております。本協会は、（中略）関係者が協業し、まとまった意見を発表する場であるとともに、資料の蒐集と調査研究、関係官庁、関係諸団体などとの連絡協調並びに講習会、研究会等を通じて、会員および関係諸方面の啓蒙、指導も積極的に進めたい考えであります」

要するに、ＮＥＢＡは家電量販店の、いわば業界団体の側面を持った組織と言える。メーカーに対して家電量販店側の意向を伝える全国的な団体というわけである。

ＮＥＢＡの誕生によって、各地で展開されていた「小売店（地域販売店）対家電量販店」という競争関係はメーカー側にも認知されることになった。ただしそれは、即「食うか食われるか」の敵対関係を意味したわけではない。むしろ各地域では、一定の共存関係が保たれる方向にあった。メーカーにすれば、どちらの販売チャネルも有効であることがもっとも望ましいことであった。

また、ＮＥＢＡの有力会員同士では、互いの地域ごとに勢力の均衡が保たれていた。ある種の相互不可侵条約のようなものである。例えば、福岡を地盤とするベスト電器、中国地域のデオデオ、大阪の上新電機、名古屋のエイデン、東北地域のデンコードー、北海道のそうご電器といった具合である。しかもＮＥＢＡの会員企業は、メーカーとの良好な関係を望んだので、ある種の暗黙のルールのもと、メーカー、地域販売店（小売店）、家電量販店の三者間に牧歌的な時代が訪れることになった。

秩序の破壊者としてのコジマ、ヤマダ

それを打ち破ったのが、北関東地区での激安戦争を勝ち抜いた栃木のコジマと群馬のヤマダ電機による店舗網の全国展開である。コジマとヤマダ電機の全国出店ラッシュは、各地に「安売り」戦争を巻き起こし、それまでの安定した「秩序」を破壊した。ＮＥＢＡの会員会社が多く集まる東京の電気街・秋葉原や大阪の電気街・日本橋では、それまで最大の武器だった「安売り価格」が、上州戦争から生まれた激安価格の前に魅力を失い、それに対抗しようとすれば経営は成り立たなくなった。事実、ＮＥＢＡ会員の家電量販店では、倒産や他社に吸収合併されるケースが相継いだ。

また、コジマやヤマダ電機とは違った手法で、既存の大手家電量販店を窮地に陥れたのは、

カメラ系量販店と呼ばれるカメラの安売りからスタートした「ヨドバシカメラ」や「ビックカメラ」などである。東京のJR山手線のターミナル駅傍に大型店舗を構えるヨドバシカメラとビックカメラは、カメラに始まりテレビやオーディオなどのAV機器やパソコン、さらに電気冷蔵庫や洗濯機などの白物家電まで豊富な品揃えと低価格路線で売り上げを急伸させ、東京・秋葉原の大型家電量販店に大きなダメージを与えた。近年では、その秋葉原にヨドバシカメラが超大型店舗を出店させている。

カメラ系量販店の店舗は、東京では主にJR山手線の駅近くにあるため、レールサイド型と呼ばれている。それに対して、コジマやヤマダ電機など地方都市の郊外に出店する店舗はロードサイド型である。

いずれにしても、地域販売店（小売店）対家電量販店という構図だけでは、家電市場は語れない時代に入ったことだけは確かである。むしろ「ディスカウントストア（安売りの店）対地域販売店＋大型家電量販店」、あるいは「コジマやヤマダなど非NEBA会員の家電量販店対ベスト電器やデオデオなどNEBA会員の家電量販店」、また「ロードサイド型対レールサイド型」といった対立構造も加えて考える必要が出てきている。

そしてどのような構図で家電市場を捉え直すにしても、ヤマダ電機の動きを無視することはできない。ヤマダは、いつも「騒動」の渦中にいるからだ。

5●広島死闘篇

ヤマダ電機社長の山田昇は、北関東地区での上州戦争を勝ち抜いたあと、その勢いで本格的な全国展開を再開させる。関東以西での多店舗展開を目指す「南下政策」は、大都市・名古屋を抱える中京地区から始まった。

一九九七（平成九）年二月、ヤマダ電機は、中京地区出店第一号店として「テックランド日進店」を愛知県日進市にオープンする。中京地区は、名古屋市に本社を置く有力家電量販店「エイデン」の、いわば牙城である。そしてエイデンは、日本電気大型店協会（九四年に「専門」を取って改称、略称・NEBA）の有力会員でもある。なおヤマダ電機では、「半径八キロメートル、人口三十万人の商圏」に新規出店する場合、必ず「テックランド」と呼ばれる新業態で臨むことが決められていた。

テックランドとは、店舗面積が四百五十坪（一四八五平方メートル）から一千坪（三三〇〇平方メートル）を目安とした大型店で、売り場を家電製品と、パソコン及びその関連商品で半々に分けてビジネス展開する店のことである。つまり、商品の品揃えを「家電からマルチメディアまで」対応するようにしたのである。

とくにヤマダ電機では、他の家電量販店に比べていち早くパソコンやその関連商品の取り扱いに取り組み、その熱意が大きな成果を上げていた。その意味では、パソコン関連に強い家電量販店ともいえる。

その強さの理由を、山田昇自身はかつてこう述べている。

「パソコン関連商品は、販売員がしっかり商品を理解していないと売れないものです。ソニーさんの例をあげると、いまから三年前、ソニーさんがバイオ（ＶＡＩＯ）を発売しました。富士通やＮＥＣと同じ土俵で戦うのでは、勝てるはずがありません。ソニーとしては、売り方をどうすれば良いか、どこで扱ってもらうかが問題になった。何社か候補があがり、そこにはコジマさんもいました。しかし、コジマさんは断った。ノート型パソコンは説明しなければ、売れないからです。結局、ソニーのバイオを最初から積極的に取り扱ったのは当社とヨドバシさんと確かもう一社でした。私の記憶では（最初に）ノート型を五百台仕入れ、そしてコジマさんの分の五百台も引き受けました。結局、合計一千台販売することになったのですが、すぐに売ってしまいました。それで、コジマさんはあわてて（バイオを）扱いたいと（ソニーに）申し出たのですが、（商機に）間に合いませんでした。コジマさんは、タイミングを逸して半年間もソニーの製品を扱えなかったという経緯がありました」（一九九九年九月中間期の業績説明会）

さらに、メーカーとの協力関係の大切さも強調している。

「ソニーさんの考えは、一番お客さんがくるところ（店）にまず（バイオを）置いてもらい、売ってもらって、どのようなユーザー・ニーズがあるかを調べたいということでした。いままでは国内で、NEC、富士通に次いでソニーは三番手にあがってきています。当社とソニーでは、スタート時からいろいろな情報交換をしてきました。我々としても、商品づくりについて、様々なアドバイスをしています。例えば、ノートパソコンにデジカメをつけるといったことは、うちの副社長のアイデアなんです」(同)

つまり、南下政策で多店舗展開するテックランド形式の店舗は、他店と比べてパソコン及びその関連商品に強いというわけである。

その南下政策を始めるにあたって、山田昇はこう自信のほどを見せていた。

《「やられたら、やりかえす。次は、こちらが攻め込む番だ。西の連中は、いままで攻められた経験がないから、攻撃に対する防御が脆い。九州を足がかりに全国展開をめざす」》(流通専門誌『激流』、一九九八年七月号)

しかし中京地区の次に選んだ主戦場は、全国展開を目指すヤマダ電機がその足がかりとする九州ではなく、デオデオの本拠地・広島だった。

デオデオへの宣戦布告

一九九七年十月、ヤマダ電機は、広島県と島根県を結ぶ国道五十四号線沿いの広島市・八木地区に出店した。JR広島駅からクルマで約三十分の距離にある八木地区は、もともとうっそうとした竹藪で覆われ、地元の人でもほとんど立ち寄ることのない場所であった。その八木地区を再開発地域として当初、モール型のショッピングセンターなどの建設が計画され、すでに米国の玩具メーカー最大手のトイザらスなどの商業施設の大型店舗もオープンしていた。

ところが、ヤマダ電機が八木地区に「テックランド広島八木店」を出店したとき、すでにその八ヵ月前には、デオデオがすぐ隣に八木店をオープンさせていた。まさに上州戦争で「デオデオの社長だけは、絶対に許さない」と誓った山田昇の復讐が、その前哨戦として八木地区での正面衝突という形で始まったのである。

開業二年目の一九九九（平成十一）年三月期の業績で、ヤマダ電機のテックランド広島八木店は売上高六十億円を達成した。デオデオの八木店は四十五億円だから、あっさり抜き去ったということになる。しかしその後、なぜかヤマダの広島八木店の売上高は伸び悩む、いや減少傾向に陥る。逆に、デオデオの八木店は地道に売り上げを伸ばし、売上高五十億円を境にして両店のせめぎ合いが続いた。

しかし二〇〇二年頃には、ついにデオデオの八木店は、売上高でヤマダ電機の広島八木店を抜いて逆転する。すると、ヤマダは広島八木店の思わぬ劣勢に危機感を抱いたのであろうか、その年の十一月には、デオデオの八木店を挟み撃ちする形で二号店を出店させるのである。しかも二号店は、デオデオ八木店まで歩いて三十秒もかからないほど近接していた。ヤマダは、二つの店舗でデオデオをいわばサンドウィッチ状態にしたのである。さすがにこれには、地元の消費者も「ここまでやるか」と呆れかえったほどだったという。

そして二号店の開店に先立ち、挨拶に立ったヤマダ電機社長の山田昇は、こう宣言したのだった。

「これ（二号店の出店）は、デオデオさんへの宣戦布告です」

ヤマダ電機では、それまでのテックランド広島八木店を一般家電を扱う「テックランド広島八木店AV生活館」に衣替えするとともに、二号店をパソコン及びその関連商品を中心に扱う「テックランド広島八木店デジタル館」としてオープンさせた。そしてデジタル館とAV生活館の二店舗を合わせた品揃えの豊富さと、自慢の「安売り」でデオデオの八木店を圧倒するつもりだったようである。

しかしその後も、ヤマダ電機の二店舗の攻勢を受けて、デオデオの八木店の売り上げが急激に落ち込むようなことはなかった。むしろヤマダの二店舗を合わせた売上高とほぼ同じか、やや下回る程度で推移する健闘を見せている。二〇〇七（平成十九）年三月期には、ヤマダの二店舗の売上高がデオデオの八木店一店舗よりも四億円ほど上回り、何とか面目を保った格好になったが、それでも開業二年目の広島八木店一店舗の売上高六十億円には遠く及ばない五十二億円に過ぎない。

なぜ、ヤマダ電機は八木地区で苦戦するのだろうか。

優位にあって勝てない！

二〇〇七年五月、広島市の八木地区を訪れてみると、一号店の「テックランド広島八木店AV生活館」は「広島八木生活&ホビー館」に名称が変更されるとともに、業態の実態もアウトレット（在庫品を格安価格で販売する店）になっていた。二号店のデジタル館は「テックランド広島八木店」として、ヤマダ電機の標準的な郊外店に生まれ変わっていた。つまり八木地区では、ヤマダ電機は「一＋一＝二」の店舗体制を敷いているというよりも、「一＋α」が実情であった。

八木地区のヤマダ電機とデオデオの店舗を比較すると、大きな違いがあった。ヤマダは建物の一階を駐車場にして、売り場は二階以上にする独自のピロティ式の店舗だったが、デオデオの駐車場は店の前と屋上等に設置されていた。デオデオの八木店は、それまで広く他店でも用いられている、一般的な店舗づくりであった。

買い物客がクルマで来店することを考えるなら、デオデオよりもヤマダ電機の店舗のほうがはるかに便利である。また、両店舗の売り場を比べても、品揃えはヤマダのほうが充実していたし、価格も「安売り」を標榜するだけのことはあって、ヤマダの優位は否定できなかった。

かつては正面の入り口に「デオデオさんよりも価格を安くするヤマダ」の表示をしたほどのヤ

マダの自信は、販売管理費（経費）率がデオデオの一七〜一八パーセント（一九九八年当時）に対して一二・四パーセントという低さに裏付けされたものである。もちろん、デオデオの販売管理費率が格別高かったわけではない。平均二〇パーセントを超えると言われた大手家電量販店二十三社の販売管理費率に比べたら、かなりのローコスト経営である。

ヤマダ電機のローコスト経営は、デオデオを始め他の大手家電量販店と比べたら、販売管理費率に格段の差があったということである。その意味で言えば、安売り合戦に持ち込めれば、ヤマダにとって、もはやデオデオは敵ではないはずである。しかし八木地区では、ヤマダはデオデオを圧倒することが出来ずにいる。

それでも、八木地区のヤマダ電機の二つの店舗が年間売上高で五十億円を超えるのは、デオデオ以外の店からお客を奪ってきたからに他ならない。八木地区から数百メートル離れたところには福岡のベスト電器が売場面積一〇〇〇平方メートルの店舗をオープンしていたし、半径一〇キロの範囲内には、大小の家電量販店約三十店舗が激しい競争を展開していた。そのうちの約七割が地元広島を本拠地とする家電量販店であった。その後、ベスト電器が撤退したのを始め他の量販店も廃業、転業などが相継いだ。

つまり、デオデオ以外の競合店は、ヤマダ電機の二店舗と同じ土俵（安売り）で商戦を挑み、そして敗れたのである。

では、デオデオがヤマダ電機の「安売り」に屈しなかった理由は何か。

それを知るには、まず「広島」という土地柄やその風土とデオデオの商法を合わせて考える必要がある。広島のユーザーが家電商品を購入する場合、何を一番重視するのか、あるいは家電量販店や地域の電気店に一番望むものは何なのか、を改めて振り返ってみる。そうすれば、ヤマダ電機の「強み」である安売りや全国の店舗を「本部主導」で一元管理する中央集権的な販売手法が、意外に「弱み」になっていたことが分かる。そのことがもっとも顕著に表れたのは、ヤマダ電機が広島で初めて展開した都市型店舗である。

都市型大型店舗の試金石

八木地区への二号店出店から約二年後の二〇〇四（平成十六）年六月、ヤマダ電機はデオデオ本店から一キロも離れていない広島市内の繁華街に「テックランド広島中央本店」（地上六階・地下一階）をオープンした。

売り場は地下一階から地上五階までで、六階にはパソコンのセミナールームなどが設置されていた。地下一階は初めて手がけるブランド品や化粧品を含む理美容・健康器具、スポーツ用品類、一階にはパソコンやデジカメ、携帯電話など、二階にはプリンターなどの周辺機器や中古パソコン、三階は薄型テレビやＤＶＤ、オーディオ機器など、四階は洗濯機などの白物家電や電話・ＦＡＸ関係、そして五階がゲーム機器や玩具、各種ソフト類で、売場総面積は約七五〇〇平方メートルだった。当時のヤマダ電機の店舗としては、最大規模の広さであった。

六月十一日のテックランド広島中央本店オープン当日、激しい雨にもかかわらず、約三千五百人の買い物客が早朝から長い列を作って午前十時の開店時間を待った。彼らの手には、前日までに広島市内を中心に大量配布されたヤマダ電機の開店セールのチラシが握られていた。目玉商品には、家庭用ゲーム機「プレイステーション2」の九千八百円をはじめ、各社のノートパソコンが六万九千八百円ならびに七万九千八百円といった格安価格で並んでいた。その他にもほぼ全商品が価格の一〇パーセント引きのうえ、さらに一〇パーセントのポイント（一ポイント＝一円で、ヤマダの全店舗で利用できるサービス）が付けられていたので、実質的には二割引きである。

広島中央本店では、ヤマダ電機の標準店舗の約二・五倍にあたる五十万種類の商品を揃えるとともに、既存店とは違って、家電商品だけでなくブランド品やゴルフ用品、玩具、健康器具など非家電商品の充実が図られていた。なお、初年度の売上目標は、公式の発表はなかったものの、百億円超だったと言われる。

オープン当日、地元のテレビ局を始め多くのメディアが、広島中央本店に集まった。ヤマダ電機副社長の一宮浩二は記者会見に応じ、従来の郊外から都心部への進出について、こう説明した。

「当社は、これまで『よりお客様に近い』をコンセプトに郊外のロードサイド（型店舗）を中心に出店してきました。そして北海道から沖縄まで面展開を進めてきたなかで、今後は全国の中核となる都市へ積極的に出店していきたいと考えています。都市部の魅力は、その土地自体が高い集客力を備えていることです。そのうえで、当社の店舗コンセプトである『安さ』『品揃え』『サービス』『利便性』を訴えていきます。とくに、この新店舗（広島中央本店）では、家電以外の品揃えを充実させたことで、利便性という部分をより強化できたと自負しています」

どの程度の市場シェアの獲得を広島で狙っているかについては、こう答えた。

「シェアに関しては、広島に限らず全国規模で考えています。当社は、今年で（年間）売り上げ一兆円を達成する見通しですが、一兆円を分子にしますと、家電流通における市場占有率は約一五パーセント程度です。これを、二〜三年のうちに二五〜三〇パーセントまで引き上げることを中期計画の目標にしています。そのためには、各エリアで地域一番店を数多く出店することが求められるわけですが、広島においてはこの中央本店を中核に位置づけ、着実にシェアを伸ばしていきたいと考えています」

地域一番店とは、その地域で売上高が一番多い店のことである。一宮の言葉に従えば、ヤマダ電機はデオデオ本店を抜いて広島中央本店を地域一番店にすることが狙いだったことになる。まさに、前橋でやられたことを広島でやり返すというわけである。いわば「デオデオ潰し」への本格参戦である。

さらに一宮は、広島中央本店の位置づけにも触れていた。

「今回の広島中央本店は、これから出店する都市型大型店舗の試金石になると考えています。これからデータを収集し、次期新店舗の骨格を固めていく方針です」

つまり、今後は郊外店だけでなく都市への出店を強めるヤマダ電機にとって、広島中央本店は都市型の実験店舗の役割も担っていたのである。

他方、本陣に攻め込まれた形のデオデオ本店では、プラズマテレビの購入者にはDVDレコーダーをサービスしたり、薄型テレビ等の指定機種ではポイントサービスを二十五倍にするなどヤマダ電機の「安売り」に対抗した。また、広島と呉の両地区に展開する十六店舗では、「史上最大の作戦」と銘打って、三割引きの商品を揃えるなど大規模な販売セールスを行い、デオデオ全体でヤマダの出店を迎撃する態勢を敷いたのだった。

ヤマダ電機の広島中央本店開店当時の様子を、地元の取引業者はこう回想する。

「広島はデオデオと地域店（町の電気屋）との共存共栄が長く続いた土地柄でしたから、良くも悪くも（家電市場は）競争のない『ぬるま湯』の状態にありました。そこへ、ヤマダが『安売り』を仕掛けてくるというので、デオデオもかなりの危機感を持ったようでした。本店のリフォームや低価格商品の品揃えなど、（ヤマダの中央本店を）迎え撃つ準備を早くから始めていましたからね。しかし（本店がヤマダから攻められるのは）初めての経験でしたので、やはり当初は店全体が浮き足だっていたように感じました」

さらに、こうも言う。

「ヤマダ（の中央本店）が付けた値段の安さには、本当に驚かされました。例えば、ノートパソコンが格安の六万円台という値段は、それまでの広島（の家電量販店）では、見たことがありませんでした。それも、日替わりで目玉となる格安商品を提供するなんて、あり得ませんでした」

例えば、キャンペーン中とはいえ、パイオニアの最新型プラズマテレビ（四二インチ）の価格は、デオデオでは「六十三万八千円＋二万円分のポイント（さらに値引き可能）」なのに対して、ヤマダ電機の広島中央本店では「五十三万八千円＋二〇パーセントのポイント」だった。単純計算すれば、ヤマダの価格はデオデオよりも約十八万円安いことになる。圧倒的な価格差である。

当然、広島中央本店の滑り出しは好調で、売り切れる商品も少なくなかった。地元で仕入れが間に合わない場合には、前橋市のヤマダ電機本社から調達したほどだった。

「本部主導」のテコ入れ

しかしその好調さは、持続しなかった。開店した六月の売上高は、当初予想をやや下回る約十一億円だったものの、翌七月は十億円程度で終わり、その後も減少傾向に歯止めがかからなかった。九月には、広島中央本店の店長の交代と、当初目標の年間売上高百億円超を七十億円から八十億円に下方修正することが明らかになった。

これは、ヤマダ電機にとって異常事態であった。他社より出店が遅れても、開店セールの目玉商品でスタートダッシュし、三段ロケットのように次々と格安の売れ筋商品を日替わりで提供することによって他店を圧倒し、一挙に「地域一番店」に上り詰めるというのがヤマダの手法だったからである。それが、広島ではまったく逆だった。

たしかに、ヤマダ電機の広島中央本店が開店した週は、派手な宣伝効果もあってデオデオを圧倒し、広島市内の家電市場でヤマダのシェア占有率は五〇パーセントを超えたと見られたものの、翌週以降はその勢いを持続させることが出来なかった。逆に本店を中心に奮闘したデオデオは、二週目以降の盛り返しに成功し、六月の市場シェアは五〇パーセントを超えるまでになっていた。デオデオは、ヤマダの広島中央本店が出店する前よりもシェアの拡大に成功していたのである。

前出の取引業者は、ヤマダ電機のシェアが思ったほど伸びなかった理由について、こう推測した。

「ヤマダ（の広島中央本店）では商品の売れるパターンが、結局、目玉商品や特価品と呼ばれるものに集中してしまいました。つまり、買い物客は目玉商品を買っても、それ以外の商品はほとんど買わなかったということです。これでは、いくら商品が売れても売上高も伸びませんし、利益も出ません」

ヤマダ電機の広島中央本店の来店客は、三十歳代のファミリー層やそれ以下の若い世代が中心で、目玉商品にもなったパソコンやデジタルカメラなどに人気が集中する傾向にあった。それに対して、高額商品や洗濯機や冷蔵庫などの白物家電の主たる買い物客であるシニア層は、比較的少なかった。逆にデオデオ本店では、来店客の多くはシニア層で、客層は固定化されていた。よく言えば、ヤマダとデオデオでは、棲み分けが出来ていたともいえる。しかしそれでは、ヤマダの広島中央本店はデオデオ本店を抜いて「地域一番店」にはなれない。

ヤマダ電機では、副社長の一宮浩二が開店時の記者会見でも明言したように、広島中央本店で得られた様々な試みの成果やノウハウは、二年後に出店予定の大阪・難波地区の都市型大型店舗に利用されることになっていたはずである。事実、広島の地元紙・中国新聞にも「採算度外視で、考え得るすべてのサービス、価格、品揃えをここで試す」（二〇〇四年六月四日付）と、ヤマダ電機執行役員で都市型店舗開発室長の茂木弘は意欲的に語っていた。

だがそれは、採算度外視とはいえ、デオデオ本店との競争に負けてもいいという意味ではなかったろう。いくら実験店であっても、広島中央本店が「失敗」や「敗北」の烙印を押されたら、デオデオに宣戦布告した社長の山田昇のメンツを潰しかねなかったからだ。

その後の広島中央本店での取り組みは、「実験」というよりも「テコ入れ」と思われる試みが続いた。店長の交代をはじめ店舗のリニューアル、繰り返される売り場のレイアウト変更、ヤマダの他店よりも格安な中央木店価格の実施、さまざまなセール……。それらはすべて「本部主導」のもとで行われた。

山田昇の甥で二人の副社長、一宮忠男・浩二の兄弟は、たびたび広島を訪れては詳細な指示を出したと言われる。時には、毎週のようにフロア（売り場）の移動やレイアウトの変更が続いた。しかしそのような努力にもかかわらず、事態が好転するようなことはなかった。

どこまでがサービスなのか

二〇〇七年現在、ヤマダ電機の広島中央本店では、年間売上高は六十億円程度を推移していると見られている。他方、デオデオ本店の年間売上高は百五十七億円で、広島中央本店に三倍近い差をつけている。約一千億円と言われる広島市内の家電市場で、デオデオの年間売上高は約四百五十億円だから、半分近いシェアを占めていることになる。まさに、デオデオの圧倒的な強さである。

地元で家電販売に携わるひとりは、ヤマダ電機の苦戦をこう解説する。

「ヤマダさんは、価格（安売り）と品揃えで勝てると思って広島に出店されたのでしょうが、広島の土地柄では、それだけではダメなんです。八木（地区）でヤマダさんが勝てなかったのも、デオデオさんが持つブランド力の強さ、つまり『デオデオで買っておけば大丈夫』という安心感のせいだと思います。例えば、デオデオさんが得意とするアフターサービスに負けないように、ヤマダさんも購入製品の五年間保証など独自の補修・修理サービスに力を入れています。でも現実には、消費者がデオデオさんとヤマダさんのサービス内容の説明を比べて、どちらが良いとか悪いとか言うことはないです。あるいは、それで商品の購入を決めるなんてことはありません。そんなことよりも、消費者にとって何が一番決め手になるかと言えば、（家電製品が）故障したらすぐに修理に来てくれるか、今日電話したらその日のうちに来てくれるか、ということです。そういうサービス網を非常に大事にしています。その点は、デオデオさんの場合、即日対応が三割ぐらいあると聞いています。自前のサービス網の充実さは、ヤマダさんよりもデオデオさんのほうが圧倒的に強いと思いますね」

たしかに、デオデオは自前の補修・修理サービス部門を持っているので、例えば、夕方の五時までに「洗濯機が動かない」と連絡すれば、その日のうちに社員が駆けつける。そしてその場で、修理できる程度の故障なら修理するし、そうでなければ、用意した代わりの洗濯機を置いて故障した洗濯機を持ち帰る。いずれにしても、洗濯機の故障で消費者が困らないよう、いち早い対応を心がけている。

それに対して、ヤマダ電機では自前の修理サービス部門を持たないため、デオデオと同じような即日対応はできない。しかも連絡を受けて消費者の自宅へ修理に出向くのは、ヤマダの社員ではなく修理業務を委託した業者である。

ヤマダ電機が広島に進出してきた当初、購入した家電製品が指定した配達日時に届けられない、修理や取り付けに訪れた業者の技術が未熟で困るといったクレームが少なくなかったのは、そうした背景が一因となっていたと言えるかも知れない。

地方都市の広島は住民の平均年齢が高く、故障した家電製品を修理のため家電量販店などに自ら持ち込むことも容易ではない。そのため広島では、家電製品の販売前とその後のサービスに対する要求も必然的に高い。例えば、テレビや冷蔵庫など大型商品を販売した場合、デオデオでは購入者の自宅まで単に届けるのではなく、家の中まで入って、指示された場所に設置したうえで製品がちゃんと動くかどうかを確認したのち、「お買い上げ、ありがとうございました」と挨拶して帰るまでを「販売前のサービス」と考えている。つまり、テレビであれば自宅の居間などに設置したうえで、映像が問題なく映るまで確認するのである。

前述の地元で家電販売に携わる人は、広島では消費者が過度のサービスに慣れきった特殊な事情を、こう指摘する。

「以前は、秋になれば石油ストーブの掃除、初夏にはエアコンの点検といったサービスを、デオデオさんは購入した家庭を一軒一軒回って行っていました。長らく地域店（町の電気屋）と共存共栄できましたから、家電量販店とはいえ、デオデオさんは地域店の手法をかなり取り入れていましたね」

さらに、こうも言う。

「私が直接経験したことではありませんが、かつて還暦を迎えた顧客には『長寿箸』をお祝いとして持参したといいますから、デオデオさんの顧客名簿の管理がいかにしっかりしたものだったかが分かります」

つまり、デオデオ商法の特徴は、顧客の固定化にあるといえる。

それゆえ、ヤマダ電機が広告宣伝や販売促進にチラシを多用するのに対して、デオデオではDM（ダイレクト・メール）を中心に展開するという違いが出てくる。ヤマダが「安売り」という価格勝負で若い世代を中心とした浮動層狙いなのに対し、デオデオはシニア層を核とした顧客の囲い込み（固定化）を図るため、会員だけを対象にした販売会などの開催をDMで知らせるとともに、来店した顧客には全員手土産をつけるなどの手厚いサービスを行っているのである。当然、DMの作成を始めとするデオデオのコストは、ヤマダのそれよりもはるかにかさむことになる。

しかしその効果は、十二分にあった。デオデオの年間売上高の七割以上は、そうしたDMで販売会などに招かれる会員たちの買い物によるものだからである。そのような固定客を、ヤマダ電機が「安売り」でデオデオから奪うのは至難の業と言わざるを得ない。

また、地理的な問題もある。

広島市は、デオデオ本店のある紙屋町とヤマダ電機の広島中央本店がある八丁堀が商業の二大拠点である。しかし広島には、いわゆる「ハブ（交通の拠点）」がない。強いて挙げるなら、

JR広島駅ではなくオフィスビルが集まっている紙屋町のバスセンターが、それにあたる。バスセンターは百貨店「広島そごう」の裏手にあるが、広島そごうの前はデオデオ本店である。八丁堀は繁華街とはいえ、道路を挟んだすぐ前は歓楽街で十分な駐車場の確保が難しい場所である。広島中央本店が、ヤマダ電機の郊外店のようなピロティ式による同じ利便性を買い物客に提供することは不可能であった。つまり、広島中央本店がオープンしたからといって、人の流れが大きく変わるようなことはなかったのである。

中央集権ではつかめない顧客ニーズ

それに、もともと広島中央本店はファッションビルを居抜きで借りた店舗のため、エスカレーターが「上り」しかなく、フロアの床も一部はせり上がったり、途中で大きな段差があったりで、とても展示商品を見ながら安心して歩けるような売り場にはなっていなかった。それゆえ、シニア層や家族連れの買い物客の足が遠のいたとしても、やむを得なかったといえる。また、それは売り場のレイアウトを変えることなど現場で解決できる問題でもなかったであろう。むしろ、立地を含め居抜きで借りたこと自体が問われなければならない経営首脳の判断の問題だと思われる。

もちろん、だからといって、ヤマダ電機がデオデオにとって脅威でなくなったわけではないし、広島のユーザー全てからヤマダが拒否されたわけでもない。

デオデオのような過剰なサービスは要らない、サービスよりも価格第一という顧客も少なくないから、広島市内でヤマダは百二十億円（広島中央本店他二店舗の合計金額）を超える年間売上高を記録できるのである。そして彼らは、デオデオにとって、得意のサービスでは奪えない顧客でもある。それゆえ、広島は攻めるに攻めきれない、守るに守りきれない特殊な家電市場でもあるのである。

広島の家電戦争が私たちに教えるのは、ヤマダ電機最大の武器「安売り」をもってしても、勝てない市場が存在するという事実である。そして地方固有の事情や風土を考慮することなく、効率だけを追い求める「本部主導」という名の中央集権的なオペレーションシステムでは、本当の顧客ニーズはつかめないということである。

6 ● なんばのLABI1

早朝からの小雨にもかかわらず、続々と買い物客が集まり始め、午前十時の開店時間前には、店舗を取り囲むようにして長蛇の列ができていた。それは、ヤマダ電機の新規オープンの際には、必ずと言っていいほど見られるいつもの風景でもある。ヤマダの発表によれば、約一万人の買い物客が並んだという。

二〇〇六（平成十八）年三月十日、ヤマダ電機は大阪市・難波地区に都市型の大型店舗「LABI1（ラビワン）なんば」（地上九階・地下一階）をオープンした。売り場は地下一階から地上四階までで、他の階は駐車場になっていた。周辺に借りた駐車場を合わせると、ラビワンが確保した駐車スペースは約一千四百台。そして売場面積は、約六千坪（約二万平方メートル）とヤマダ電機の店舗の中で最大規模の広さを誇った。

ヤマダ電機では、開店前にオープニングセレモニーを行ったが、その頃には、雨もすっかりあがっていた。開店記念のテープカットは、ヤマダ電機社長の山田昇を先頭にイメージキャラクターを務める俳優の高嶋政伸、南海電鉄社長の山中諄《まこと》、当日の午前零時から並んで来店客第一号となった買い物客らが行った。

そして挨拶に立った山田は、こう意気込みを語った。

『ラビワンなんば』は、ヤマダ電機として初めて出店する都市型店舗です。『ＬＡＢＩ』という名前は『ライフ・アビリティ・サプライ』をベースにした（ヤマダ電機の）造語です。お客様一人ひとりに最適な暮らしを提案していくという思いを込めています。また、ストアコンセプトは『楽しさ』『発見』『発信』『体験』です。じっくりと店内を回っていただき、こうした店の魅力を体感していただき、何か意見があれば声をかけていただきたいと思います」

ちなみにヤマダ電機では、売場面積が一千坪までがテックランド、一千坪から二千坪がラビ、二千坪以上をラビワンの目安にしていると言われる。

さらに、山田の挨拶は続く。

「大阪での店舗展開はまだ歴史が浅いのですが、サービスを第一に掲げ邁進していきます。サービスといっても幅広いのですが、例えば『ラビワンなんば』は約六千坪の売場面積があり、約八十万点の品揃えをしています。価格についても、当社の郊外店以上に安くさせていただきます。そして商品を、社員が提案する努力にも力を注ぎます。こうしたトータルなサービス力にこれからも磨きをかけていきます」

違和感が残る山田の挨拶である。

実験店舗とはいえ、ヤマダ電機にとって、広島市内の繁華街に出店した「テックランド広島中央本店」が初めての都市型店舗だったはずである。そして、そこで得られた様々な試みの成果やノウハウを次の都市型店舗に活かすというのが、ヤマダ電機の戦略だったはずである。だが、社長の山田昇は「ラビワンなんば」を「初めて」の都市型店舗と宣言した。広島の経験はヤマダの歴史から消し去りたいということなのだろうか。

さらに、山田の「当社の郊外店以上に安くさせていただきます」の発言は、ヤマダ電機の店舗に「二重価格」を設定し、大阪地区に出店している同社の郊外店といえども他社の競合店と同じ扱いをすると宣言したようなものだった。例えば、買い物客がヤマダの郊外店でラビワンで見た商品の価格よりも高いから同じにして欲しいと申し出たら、郊外店では、そのお客の要望に応じるか、値下げできないからラビワンで買ってくださいと返事するしかない。つまり、ラビワンの成功のためには、ヤマダの郊外店の経営が悪化しても構わないと言っているようなものである。

開店前々日の八日、ヤマダ電機はラビワンに報道関係者を招いて店内を見学させるとともに、記者会見を開いている。その席上、都市型店舗の実験店「広島中央本店」で学んだことは何かと問われたとき、社長の山田昇はこう答えている。

「我々の郊外型の考え方は、交通の利便性を重視しています。都会の中で、駐車場なしの店は今までありませんでした。広島で学んだことは、駐車場がなければダメだということ。都市型といっても、お客様の流れによって影響を受けます。広島市内は電車ではなくバスを中心としており、商圏が小さいのです。逆に言えば、ここで売り上げを上げれば、広島よりも利便性の高いところではもっとうまくいくわけですから。答えは、我々が思っていた通りでした。(広島中央本店の）売場面積は二千坪くらいしかありませんが、当初、年商は六十億から七十億円売れればいいかとスタートしました。その通りに来ています。ただ、それ以上拡大できる見込みがあるかといえば、そうではないですね。（広島に）四店舗作ったので、売上規模の拡大は止まってしまいます」

しかし山田が「広島で学んだこと」として挙げるものは、いずれも出店しなければ分からないようなことではない。少しでも広島のことを知っている者であれば、「常識」の範囲内のことである。

広島は、いわばハブを持たない地方都市で、そのような街に実験店舗とはいえ、都市型の家電量販店を出店することにどのような意味があるというのであろうか。いや、そもそもヤマダ電機の広島中央本店は立地も含めて「都市型店舗」と言えるのだろうかという疑問が残る。

日本橋電気街潰し

大阪のラビワンも、広島のケースと似ている。

大阪市は、「キタ」と「ミナミ」と呼ばれる二つの地域に分かれている。そして二つの地域は互いに対抗意識を燃やす、いわゆるライバル関係にあると言われる。キタが梅田を中心とし、ミナミは難波を中心とする地域で、キタを「山の手」とするなら、ミナミは「下町」にあたる。テレビなどで代表的な大阪の町としてしばしば紹介されるのは、心斎橋や食い倒れの町をイメージする通りがあるミナミである。そのミナミでは、大阪球場を本拠地としていた南海ホークス（現・福岡ソフトバンクホークス）が九州へ移るなど、再開発が進む梅田地区と比べて地盤沈下のイメージが著しかった。

そこで地元の南海電鉄が、ミナミの活性化のために「なんば」駅南側にあった大阪球場跡地を中心とした再開発事業に乗り出し、それに便乗したのがヤマダ電機である。かくしてヤマダは、南海側が建設した大型商業施設「なんばパークス」に隣接する形でラビワンを出店した。ラビワンが一部メディアで「駅前」型（レールサイド）店舗とも呼ばれているのは、そのためである。

しかし、南海電鉄「なんば」駅からラビワンまでは大人の足でも七分程度はかかる。多くの乗降客が利用する地下鉄の「なんば」駅からとなると、大人の足でも十分は覚悟しなければならない。他方、東京のＪＲ山手線沿いに展開するカメラ系量販店と呼ばれるヨドバシカメラやビックカメラは、駅から徒歩で数分の距離に大型店舗を配置している。駅前型と呼ばれるゆえんである。

また大阪でも、ヨドバシカメラは梅田駅に隣接する形で、ビックカメラは南海「なんば」駅を挟んでラビワンと対峙する形で大型店舗を展開している。いずれも駅から地下道で結ばれ、雨に濡れることなく店までたどり着ける。

それに対して、駅から徒歩十分の距離にあるラビワンを「駅前型店舗」と呼ぶことには、どうしても抵抗を禁じ得ない。

駅前型の家電量販店の特徴は、ターミナル駅を利用する多数の乗降客、いわば「浮動層」が主要な客層になることである。それゆえ、土曜日や日曜日、あるいは祝日や祭日に来店客が集中する郊外型と違って、平日の集客力をいかに高めるかが駅前型を成功させる重要なキーとなる。ところが、ラビワンの来店客数は土・日や祝祭日が圧倒的に多く、平日の店内はヤマダ電機の社員の数のほうが買い物客よりも多いと言われる。

その理由を、ラビワンをよく利用するという大阪市内の会社員は、自分の体験を交えてこう話し出した。

「幼い頃、電気（製品）が好きだった兄に連れられて、よく日本橋（大阪の電気街）に行ったものです。朝早く自宅をクルマで出発し、ラビワンの南側の道路を通って日本橋へ行くのですが、いつも渋滞でした。兄みたいな電気好きな人たちが、日曜日など休日になると大阪全域から押し寄せてきたからでした。（ラビワンの建つ交差点角から）歩くと十分程度の距離なのに、一時間も二時間も待たされたことをよく覚えています。それでもなんとか日本橋に着くことが出来ても、今度は駐車場探しで大変でした。もともと日本橋の電気屋さんに駐車場があったわけではないので、周辺を探しました。やっと見つけても、日本橋の店から遠くて、買った電気製品を兄と二人で苦労してクルマまで運びました」

さらに、彼の話は続く。

「兄の影響もあって電気好きになった私は、成人してからも日本橋によく通いました。でも（ラビワンの）南側の道路の渋滞は、いっこうによくなりませんでした。やはり土・日になると、日本橋を目指す人たちのクルマで南側の道路を中心に周辺はいつも渋滞のままでした。そんな時に、ヤマダ電機がラビワンを、あの場所に建てたのです。当然、日本橋に買い物へ向かう私たちのような客は、無料駐車場もあって、日本橋まで徒歩で十分足らずのラビワンに入ります。ラビワンで買いたい商品の値段を見て満足できなければ、日本橋まで足を伸ばして他の店と比べればいいわけですからね。もし他の店のほうが安ければ、その値段をラビワンの店員に言えば、同じ値段かもっと安くしてくれます。ですから、私たちにすれば、『まあ、ラビワンに入って、安くしてくれれば買ってもいいわ』ということになるわけです」

その結果、土・日や祝祭日のラビワンには買い物客が押し寄せ、店内は芋を洗うような状態になるのだという。つまり、ヤマダ電機はラビワンの出店によって新たな市場を掘り起こしたのではなく、日本橋（電気街）へ向かう買い物客を途中で奪ったのである。その意味では、ラビワンの出店が「日本橋（電気街）潰し」や、かつて上州戦争の際に出店した大阪・日本橋に本社を置く「上新電機潰し」を狙ったものと地元で囁かれたことには、まったく理由がないわけではなかった。

地元の電気店関係者は、難波地区について、こう話す。

「もともと、大阪球場跡地一帯は人通りがきわめて少ない地域でした。球団があった時も、人が多かったのは試合の時ぐらいでした。球場跡地に住宅展示場が出来た時は、日曜祭日になると、それなりの人通りがありましたが、平日は寂しいものでした。いわば、球場跡地一帯は都会の中の『ローカル』なんです。ですから、ラビワンは都市部というよりも、難波という大阪の田舎に出店した『郊外店』と考えたほうが実情には合っていると思いますね」

たしかにラビワンは、都市型店舗の特徴である「多層階」の建物になってはいるものの、店舗運営それ自体を見る限り、土・日や祝祭日に買い物客が集中する郊外型店舗と何らかわらない。社長の山田昇が記者会見で「ラビワンは、ヤマダ電機として初めて出店する都市型店舗です」と宣言したが、現実とは矛盾があると言わざるを得ない。

オープンから一年後の二〇〇七年四月、「ラビワンなんば」は隣接している「なんばパークス」と二階部分で橋が架かり、直接往来できるようになった。なんばパークスには、ショッピングモールやファッション専門店、シネマコンプレックス（複合映画施設）などの商業施設とともにオフィスビルも建設されており、昼はビジネスマンやOLを中心ににぎわい、夜は若いカップルの憩いの場になっている。

ヤマダ電機では、なんばパークスの利用者がショッピングなどの「ついでに」ラビワンにも立ち寄ったり、ラビワンの来店客が帰りになんばパークスを利用するなど、平日における相乗効果を期待しているようだが、現実はなかなか厳しそうである。

前出のラビワンをよく利用する会社員は、「ラビワンは関東から来ている店にしては、外観や店内のデザインが田舎臭いんですよ」と言って笑った。たしかに、なんばパークスの洒落たショッピングモールで買い物を楽しんだ女性や、ラブロマンスの映画を鑑賞した若いカップルが、いくら橋が架かって往来できるようになったからといって、「ついでに」立ち寄る気分になるものなのか疑問である。もちろん、あらかじめ帰りに立ち寄ることを決めていれば、話はまた別であるが……。

ビック、ヨドバシに見る独自性

ある意味、ラビワンは鉄道会社が沿線に遊園地やレジャーランド、住宅地など付帯施設の設置によって事業の拡大を目指す中で、その付帯施設のひとつとして位置付けられるものなのかも知れない。南海電鉄の沿線には「アミューズメント施設もありますが、大きな電気店もありますよ」というわけである。

ラビワンなんばでは、ヤマダ電機の標準的な郊外店の平均的な品揃えの種類が二五万アイテム程度なのに対して、それは八〇万を超える。社長の山田昇自身が「おそらく専門量販店としては、これだけのアイテム数を揃えるのは、当社が初めてではないか」と自慢げに語るほどである。

「ラビワンなんばは、特徴をかなり持ったお店になっていると思います。例えば、(自宅の)リフォームやデューティーフリー(免税品)、ソフト(CDやDVDなどのパッケージソフト商品)、書籍、サプライ商品、消耗品関係は家電ほど競合が激しい部門ではありません。このような商品の扱いは、当社では初めてではないんです。すでに実績を上げているものばかりです」(三月八日のラビワンでの記者会見)

たしかにラビワンの四階には、ソフト売場と書籍売場に各三百坪という広いスペースが充てられており、ヤマダ電機がそれらの販売に力を入れていることは一目で分かる。ソフト売場には、音楽CDやDVD、ゲームソフトといったパッケージソフトが並び、書籍売場には一般書以外にも童話や幼児漫画、女性向けファッション雑誌など家族向けの雑誌も幅広く揃えられていた。

たしかに大型店舗では、すべてのフロアを家電製品だけの品揃えでカバーすることはできない。近年、二千坪以上の売場面積を持つ大型店舗の出店が続いているが、家電製品の品揃えはもちろん、いかに店舗をユーザーにとって魅力ある存在にするか、つまり店舗そのものに足を運ばせる「何か」を付加させることが肝要になってきている。

その意味でいえば、家電製品以外の品揃えの充実を目指したラビワンの店舗作りは、時代の流れに沿ったものだといえる。しかし、だからといって、ラビワンのソフト売場や書籍売場など家電売場以外での品揃えに、他の家電量販店と比べて、とりたててこれといった特徴があるわけではない。

例えば、書籍売場。

ラビワンの書籍売場は、雑誌を含め幅広い品揃えはしてあったものの、一般書にしろ雑誌にしろ、人気の雑誌や話題の小説など「売れている」商品がただ置いてあるだけという印象を受けた。同じフロアには古本コーナーもあって、書籍売場のセールスポイントは何なのか、いまひとつ分かりづらい。

それに対して、東京のJR有楽町駅から徒歩一分以内にあるビックカメラ「有楽町店本館」には、マニア向けのパソコン雑誌まで揃えている書籍フロアがある。

よく利用するというパソコンマニアの会社員は、こう評価する。

「有楽町のビックには、どの大型書店にも専門書店にもないマニアックなパソコン雑誌が置いてあります。だから、他の大型書店に欲しいパソコン雑誌がなければ、ビックへ行きます。もしビックになければ、他にはありませんから、諦めます」

このような品揃えが他店の書籍売場にはない魅力であり、ビックカメラ有楽町店本館自体の集客力に繋がっているのである。つまり、目的の雑誌を購入した買い物客は、その後で店内を回って他の商品を買う場合もあるだろうし、逆にパソコンを購入したあと、他で入手困難なパソコン雑誌を買って帰るケースも考えられる。こうした相乗効果を期待できる品揃えが、ビックの有楽町店固有の店舗力なのである。

また、ビックカメラと並んで駅前型店舗を代表するヨドバシカメラでは、まったく違う形で書籍売場の充実を図っている。福岡市のＪＲ博多駅に隣接するヨドバシの「マルチメディア博多」には三階に七百五十坪の書籍フロアがあり、「ゼロ歳から百十七歳まであらゆる興味を満たす五十万冊の品揃え」がキャッチフレーズになっている。この書籍売場は、ヨドバシの直営ではなく名古屋に本社を置く大型書店「あおい書店」がテナントとして入ったものである。福岡・博多では、紀伊國屋などによる大型書店戦争が激化しているが、それに参戦した形になっている。

あおい書店をよく利用するという地元のビジネスマンの評価――。

「一般書だけでなく、経済関係を始め専門書も充実しています。コミックコーナーもあって、よく子供連れや学生も見かけます。とにかく店内のスペースがゆったりしていて、書棚も見やすいのがいいです。夜十時まで開いていますし、博多駅の傍で便利なので会社帰りに立ち寄ることも多いです。休日に出かける時も、ヨドバシを利用します。以前は、天神（福岡の繁華街）の紀伊國屋など他の書店を利用していたのですが、ヨドバシには無料駐車場がありますので、クルマで立ち寄るには便利です。それに、お腹が空けば、レストラン街もありますし、ついでに家電製品を見たり、電池などの消耗品も買えますので重宝しています」

ヨドバシのマルチメディア博多も、書籍売場をうまく集客力に使い、店舗そのものの魅力に変えている点は、ビックカメラと同じである。

ラビワンに詳しい地元の量販店業界の関係者は、こう感想をもらす。

「(ラビワンの店舗としての独自の強さは) とくには、ないように思います。たしかに価格は安いのですが、それ以外はちょっと……。例えば、ヨドバシよりも集客力を高める独自の店作りをしているとか、ラビワンの経験を (次回出店予定の) 池袋に活かすために、いろいろな試みに取り組んでいるといった印象は受けません。例えば、(梅田の) ヨドバシへ行っても (欲しい) 商品がなければ、お客さんは『ヨドバシになかった』で済むわけです。もしあれば、『やっぱり、ヨドバシだから (商品が) あったな』で納得します。先にヤマダへ行って (もし商品が) なければ、『じゃあ、ヨドバシへ行こう』ということになります。稀少なカメラやオプション商品などは、ヨドバシへ行けば、『あった、あった』と喜べますが、もしヨドバシになかったら、『ヨドバシへ行ってもなかった』と諦めるわけですよ」

「一〇〇パーセントのサービスなど提供できませんよ」

さらに、こうも言う。

「ラビワンは品揃えが多いというよりも、同じ商品を (各売場に) 重複して置いていることのほうが問題です。例えば、デジカメは地下一階から地上二階まで置いています。どうしても、広い店舗を活かし切れていないという印象が拭いきれません。つまり、ヤマダではどうしても

『売れ筋商品』を中心に品揃えをするため、売れ筋商品を重複して置かなければならないということになるのです。せっかく、ラビワンという新しい大型店舗を出したわけですから、大阪の地の利に合った品揃えや商品構成をしたらいいと思うのですが、そうした発想やそのための知恵を地元の取引先や関係者から借りようとする姿勢は、ヤマダにはありませんね」

こうした傾向は、ヤマダ電機が初めて百万都市に進出した福岡市でも見られる。それまで人口三十万人の地方都市および商圏にテックランドの業態で多店舗展開してきたヤマダにとって、郊外店で培ってきた品揃えやノウハウに限界が見えた瞬間でもある。

ヤマダ電機が福岡市内に初めて店舗を構えたのは、二〇〇〇（平成十二）年四月のことである。五ヵ月後の九月には東京証券取引所市場一部（東証一部）に上場を果たし、〇一年度（〇二年三月期）の業績では年間売上高が五千億円を突破し、初めて家電量販店業界トップの座を獲得している。それまで四年連続トップだったライバルのコジマからその座を奪っての快挙である。

そのような日の出の勢いを背景に、ヤマダ電機の福岡進出は行われていた。二〇〇七年十月現在、ヤマダ電機は福岡市内にテックランドの業態で五店舗展開している。それらの核となる店は「テックランド博多本店」である。そして大阪同様、ＪＲ博多駅傍には、ヨドバシカメラが大型店舗の「マルチメディア博多」を構えている。

ヤマダ電機が他店よりもいち早くパソコンを取り扱うとともに、ソフト類の販売にも力を注いできたことは、社長の山田昇自身が「ヤマダの強み」として繰り返し主張してきたことでもある。しかしパソコンソフトのひとつ、日本語ワープロソフトの「オアシス」はヤマダの博多本店を始め福岡市内のすべての店舗で置いていない。博多本店では「オアシス（ソフト）は、メーカーからの取り寄せになります」との答えが返ってきた。

そこで私は、ヨドバシカメラのマルチメディア博多に電話でオアシスソフトの有無を確認してみた。電話口に出た店員は「ええ、ございます。よろしければ、取り置きしておきましょうか。ご来店の予定はいつになりますか」と即答した。ヤマダと違って、ヨドバシの店員の頭には、在庫のソフトがすべてインプットされているのであろう。「いまから伺います」と返事して、電話を切った。マルチメディア博多に行き、店員に電話で予約した者であることを伝えると、売り場まで案内してくれた。売り場の棚には、バージョンアップ版を含め複数の種類のオアシスソフトが並んでいた。

現在、パソコンの日本語ワープロソフトは、マイクロソフトの「ワード」とジャストシステムの「一太郎」で市場の大半を占めている。しかし日本では、コンピュータの応用機器であるワードプロセッサが、パソコンの普及期の前には多くのユーザーに使われていた。とくに富士通が独自開発したキーボード「親指シフト」を使用するオアシスは、その使いやすさからマスコミを含め多方面で根強いファンを摑んでいた。パソコンの普及につれ、メーカー各社がワープロ機器から撤退していくなか、パソコンでも日本語ワープロソフトのオアシスを使いたいというユーザーの強い要望に応える形で、富士通は市販を始めたという経緯があった。

市場シェアでいえば、ワードや一太郎の敵ではないが、オアシスファンの熱狂的な支持によって、今日まで一定のシェアを維持してきている。そうしたユーザーの根強い支持に応えられないのは、ヤマダ電機が売れ筋商品を中心とした本部主導の品揃えを続けているからに他ならない。だから、大阪同様、福岡のビジネスマンも「ヨドバシに行ってなければ、ヤマダや他の店には行きません」という判断になるのである。

そしてこうした本部主導の品揃えは、社長の山田昇の家電量販店経営に対する考えに基づいたものであった。

ヤマダ電機に詳しい専門紙の記者は、その山田の考えについてこう言う。

「東証一部に上場した頃だったと思いますが、山田社長は『すべてのお客に一〇〇パーセントのサービスなど提供できませんよ、コストがかかりますから。客（層）の上限と下限を省いたマーケットを対象にして、そのニーズに合わせたサービスを必要最小限で提供するのがヤマダです』という趣旨のことをよく話されていました。『家電量販店の基本は品揃え』が山田社長の口癖ですから、ヤマダ電機は最大公約数の消費者を対象とし、彼らのニーズに応える品揃えや価格（安売り）などのサービスを提供する、つまり少数の顧客のニーズは対象としないということです」

たしかに、多くの消費者が望む品揃えをし、その商品を低価格で提供することで売り上げや利益を伸ばしていくことは、商売の常道なのかも知れない。それまでの三十万人の商圏、地方都市の郊外に多店舗展開していた時は、そうした最大公約数の顧客相手のビジネスでも「地域一番店」になれたのかも知れないが、しかし人口百万人を超える大都市圏で、同じような手法が通じるものであろうか。

「売れ筋」追求の弱点

地方都市の三十万人商圏での少数派が、福岡、大阪、東京など人口百万人を超える大都市の商圏でも少数派とは限らない。単純な人口比でもそれを指摘できるが、消費者のニーズの多様化が著しい大都市では、むしろそのようなニーズの変化に応えていくことが、ヤマダ電機が展開する都市型店舗の固有の魅力を高め、集客力アップに繋がるものではないだろうか。

家電量販店業界では、「売れ筋商品」は取扱商品全体の約三〇パーセントしかないものの、売り上げ全体の約七〇パーセントを占めると言われる。つまり、その三〇パーセントを見きわめることが肝要になる。

その見きわめに、ヤマダ電機では同業他社に先駆けて一九八六（昭和六十一）年に導入したＰＯＳ（販売時点情報管理）システムが活躍している。ＰＯＳシステムは、コンビニやスーパーなどのレジで精算するとき、商品についたバーコードをスキャナで瞬時に読み取り、金額を表示する機械として消費者に身近な存在になっている。そのさい、消費者には商品名や金額、購入した店と日時などが記入されたレシートが渡される。

そのような販売実績の情報は、同時に店や本部にも集められる。そして、各商品ごとに単価や販売個数、何時頃売れたのかなどの情報に基づいて、「売れ行き」の動向を観察し、把握するのである。つまり、ＰＯＳシステムの最大の魅力は「売れ筋商品」を、瞬時に集計分析するシステムであることである。

だが同時に、ＰＯＳは、「売れ筋」から外れたと判断されれば、すぐさま売り場からその商品が消えるという問題、つまり消費者の広範な選択肢を奪うことになりかねない一面を持っている。その意味では、ヤマダ電機の店舗は、概ね「売れ筋商品」には強いが、それから外れた商品にはすぐに対処できないという弱点を共有していると言える。

喩えるなら、ヤマダ電機の郊外店がコンビニとすれば、ラビワンなんばはスーパーの大型店舗である。売場面積の狭いコンビニでは、いかに売れ筋商品の回転をよくするかが商売の要諦かも知れないが、スーパーの大型店舗にコンビニと同じような品揃えをしたらどうなるか。売れ筋商品をフロア別に重複して置くしかない。だから、人気商品のデジタルカメラが、三つのフロアで重複して置かれるような事態が生まれるのである（〇七年五月時点）。

それゆえ、繰り返しになるが、自称「電気オタク」のラビワンの利用者からも同じような不満が出てくるのである。

「ヤマダ（ラビワン）へ行って（求める商品が）なければ、（梅田の）ヨドバシへ行きます。最初にヨドバシへ行ってなければ、ヤマダへは行きません。ヨドバシになければ、ヤマダにはありませんから」

四ヵ月で二人の店長が交替

そしてこのような品揃えを各店舗に徹底させているのが、「本部主導」と呼ばれる絶対的な権限を持つ中央集権的な管理システムである。ヤマダ電機では、水曜日に前橋の本社で会議を行い、木曜日には会議で決まったことを現場（各店舗の職場）に伝え、売り場の変更の指示があれば木曜日と金曜日で新しい売り場に作り替え、土曜日と日曜日で決まったことを実行する。その検証を月曜日に自店の情報だけでなく他店の情報も集めて行い、検証結果を火曜日には前橋の本社に送る。そしてまた、水曜日から次の一週間が始まるという。

各責任者（店長クラス）は、火曜日に本部に連絡したあと、その足で本社のある前橋へ足を運び、翌日は朝から会議に終始し、木曜日には店に戻って会議で決まったことを伝える――まさに、ハードな一週間である。

さらに平日の午前八時半からは、ヤマダ電機の全店舗を結んだ「テレビ会議」が開かれている。そこでは、各店舗に与えられた事業目標などについて本部から厳しいチェックが入る。また、店内に備え付けられた監視カメラも万引きなどの対策のためだけでなく、従業員の行動を管理するために使われている。すべての監視カメラは前橋市の本社に繋がっており、全店舗の内部の様子を映像でリアルタイムに把握できる仕組みである。その映像を見ながら、前橋の本部から現場（各店舗）に直接指示、例えば接客態度などについて指示するのである。

実際のテレビ会議の様子や監視カメラによる従業員の管理実態を日本のメディアで初めて詳細にレポートしたのは、ビジネス誌『日経ビジネス』（二〇〇七年八月六日・十三日号）の特集記事「家電量販の『品格』」である。特集記事で、『日経ビジネス』編集部は、ヤマダ電機の経営手法を次のように結論づけている。

《商品構成、販売価格の決定、陳列、販促などのあらゆる小売業の機能を本部に集約する一方、店舗がその経営判断を実行できているかどうかをチェック、評価するための仕組みを、ネットワークカメラやテレビ会議システムなどＩＴ（情報技術）を使って構築することで作り上げた強力な中央集権。これがヤマダの経営の根幹だ》

つまりヤマダ電機では、現場（店舗）にはほとんど権限はなく、すべての指示は前橋の本部から下りてくる仕組みなのである。『日経ビジネス』では、そのことを「本部は頭脳」と「店舗は身体」という二つの言葉で表現した。なかなか言い得て妙である。

ヤマダ電機では「本部主導」という絶対的な力のもと店舗運営が行われているため、どの店舗でも全般的な強さはあっても、店舗固有の力が発揮されることは少ない。ラビワンを含めヤマダの店舗に価格以外の「これは」という魅力がないのは、そのためでもある。

出店時から広島中央本店とラビワンの両店を見守ってきた家電業界関係者は、ヤマダ電機の店舗作りについて、こんな悲観的な見方を披瀝する。

「ラビワンのどこを見ても、(都市型の実験店舗)広島中央本店の経験を活かした箇所などありません。実際には、むしろライバルのヨドバシさんやビックさんの店舗を何度も視察し、参考にしたと聞いています。ラビワンでも中央本店でも、問題が起こるたびに根本的な解決にあたるのではなく対症療法でしのぐだけで、そもそもヤマダさんには店舗理論というものがありません。だから、すぐに店長のクビをすげ替えたりするのです。ラビワンでも、(二〇〇六年の)三月にオープンしてから七月までの四ヵ月の間に二人のクビが飛んでいますからね。いまの店長は三代目で、生え抜きの人です」

さらに、こうも言う。

「ヤマダさんが難波の大阪球場跡地に出店したのは、土地を含め費用が安かったからだと思います。初期投資は百四十八億円だったと聞いています。コストが非常に安いので、当初の売上高は三百億円を目標にしたと言われていました。でもラビワンと梅田のヨドバシさんとでは売場面積はほぼ同じですが、ヨドバシさんの年商は一千二百億円です。難波のビックさんは(売場面積が)ひとまわり狭いですが、年商は二百億円から二百五十億円です。それらと比較すると、ラビワンの(年商の)目標設定が妥当だったかという疑問は残ります。ラビワンの年商三百億円は、とりたてて凄いという数字でないと思います。ただヤマダさんにしてみれば、関西地区で一番売れている店でも八十億円程度しかありませんから、それと比べると年商三百億円の店はとんでもなく売れている店ということになります」

「ヤマダはすでに日本一です」

二〇〇七年三月期の決算で、ラビワンなんばの年間売上高は約三百億円強、当初目標の三百億円をやや上回った。ヨドバシカメラのマルチメディア梅田が約一千二百億円、ビックカメラのなんば店が約二百億円から二百五十億円だった（各推定額）。大阪市内の家電市場規模は約二千五百億円と見られるから、ヨドバシの一店舗だけで四八パーセント、じつに半分近くのシェアを占める圧倒的な存在感である。ヤマダ、ビックを加えた三社では約七〇パーセント、大都市では大型店舗の優位性が改めて証明された格好である。

なお、大阪府全体では家電市場規模は、約八千億円。ヨドバシのシェアは一五パーセントになる。間違いなく大阪の家電市場を牽引しているのは、ヤマダ電機ではなくヨドバシカメラである。ここ大阪では、家電量販店業界トップのヤマダといえども、「地域一番店」を目指すなら、ヨドバシを意識せざるを得ない。

ちなみに、関西地区の二府四県（大阪、京都、兵庫、奈良、滋賀、和歌山）では約一兆一千三百億円。シェアトップは、日本橋の電気街に本社を構える上新電機の百十三店舗で、二一〜二二パーセント。二位のミドリ電化が七十七店舗で、二〇パーセント、三位がラビワンを含めたヤマダ電機の三十六店舗で、一三〜一四パーセント。そしてヨドバシの一店舗で、一〇パーセントと続く。

ところで、ヨドバシカメラのマルチメディア梅田の店舗前には、「ラビワンなんば」行きの無料シャトルバスの停留所が設置されている。設置したのは、もちろんヤマダ電機である。ヨドバシカメラで欲しい家電商品を見つけたら、ヤマダが手配した無料のシャトルバスに乗ってラビワンまで来て値段を比べてみてくださいというわけである。比べて値段が安いほうの店で商品を買ってくださいというヤマダ商法は、安売りに関して他店には負けないという自信の表れと見ることもできるし、それしか対抗手段を持たないというヤマダの都市型店舗の限界、店舗力のなさを示しているとも言える。

余談になるが、ヤマダ電機の無料シャトルバスが、ヤマダの意図とは別に、どのような使われた方をしているかも触れておく。平日の無料シャトルバスには、ほとんど利用客がいないと言われる。私が利用した時も、まばらだった。しかもほとんどご婦人で、彼女たちはラビワンなんば傍の停留所にバスが到着すると、店には入らず、思い思いに去っていった。彼女たちには無料のバスを利用したのだからと、買い物客を装って店に入るだけの配慮すらないようである。地元の人に言わせると、「大阪のおばちゃん」は最強で、生半可なことでは財布のヒモを緩めるようなことはしない。ヤマダ電機もまた、大阪特有の試練に耐えることから本当のビジネスは始まりそうである。

ヤマダ電機社長の山田昇は、ラビワンなんばの開店に際して開いた記者会見の席上で、次のような意気込みを語っている。

「お客様にとっては選択肢が増え、喜んでいただけるのではないかと思っています。私どもは競合（店）との戦いで、当社らしい特徴を出していくつもりです。ヤマダ電機にはインフラがありますから、大きな武器になります。北海道から九州まで店舗が三百店ありますし、各店舗には人もサービスも、物流もあります。インフラを使った強みをわれわれは持っています。ですから、ヤマダ電機を知らない方はいらっしゃらないと思います。強みを発揮して、『やっとヤマダが都会に来た』と思っていただきたいです」

さらに、駅前型店舗を展開すればヨドバシカメラやビックカメラと競合するが、駅前型でも「日本一」を狙うのかという記者団からの質問に対しては、「ヤマダはすでに（年間売上高で）日本一です。そんな細かなことは言っていません。当社はグローバルな視点で経営していきます。次元の低い話はしません」と受け流している。

しかし社長の山田の意気込みとは裏腹に、いまなおラビワンは価格以外には「ヤマダらしい」特徴を出せずにいる。

7●ヘルパー問題

二〇〇七（平成十九）年一月二十四日、大阪労働局は職業安定法（職安法）違反の容疑で、ヤマダ電機の都市型大型店舗「ＬＡＢＩ１（ラビワン）なんば」に立ち入り調査に入った。いわゆる「ヘルパー問題」の始まりである。

電機メーカー各社は、自社製品の販売促進のため、家電量販店に「ヘルパー」と呼ばれる販売員を派遣している。ヘルパーは、メーカー各社が派遣会社と契約を交わし、人件費を負担した派遣員である。それに対して、夏のボーナスシーズンや年末年始の繁忙期にメーカーが従業員を家電量販店に派遣し、販売を手伝わせる要員は「販売応援員」などと呼ばれている。

どちらも派遣元の製品の優れた点などを来店客に説明したり、買い物の目的に合わせた製品を勧めたりするものの、値引きを行ったり、実際に販売したりはできない。購入の意志を来店客が示したら、すぐに家電量販店の店員（社員）に知らせ、後を任せなければならない。また、他社製品を扱うこともできない。ヘルパーの目的が、あくまでも派遣元の製品の販売促進に努めることにあるからである。

ところが、ヘルパー派遣が常態化するにつれ、家電量販店では、ヘルパーに対して派遣元の製品だけでなく他社製品の販売促進の仕事も求めるようになった。そうした動きが行き過ぎ、ヘルパーを家電量販店の従業員と同じように扱った、つまり従業員と同じ仕事をするように求めたのが、ラビワンなんばである。

そうした行為は、ヘルパーの雇用関係を曖昧にした。つまり、ヘルパーにとって誰が雇用者なのか、そして雇用者としての責任を誰が負うのかが曖昧になるため、ヘルパーの労働者としての権利や地位を危ういものにしていた。そのため、メーカー各社は家電量販店に違法な労働者供給をしたと見なされ、ラビワンは雇用関係のない労働者に直接指示・命令した職安法の疑いがもたれたのである。もしラビワンがヘルパーを店員（社員）と同じように指示・命令、管理したければ、派遣会社と派遣契約を結び、人件費を負担しなければならない。

大阪労働局の立ち入り調査に対するヤマダ電機（経営企画室）のコメントは、職安法違反容疑を真っ向から否定するものであった。

《法律に違反しているつもりはない。労働局からヒアリングを受けている最中なのでコメントできない》（朝日新聞、二〇〇七年一月二十五日）

しかし私と総合月刊誌『現代』編集部が入手した「確認チェックシート」や「ヘルパーシフト」、「営業日報」、「個人指示書」などヘルパー関係の内部資料を見る限り、ヤマダ電機のコメントは到底信じられるものではない。

例えば、ハガキ大の個人指示書は、その名の通り、ヤマダ電機（直接は、ラビワンなんば）がヘルパー一人ひとりに具体的な「指示」を与えたものである。当日に担当する売り場やその仕事の内容、さらに食事時間や休憩時間まで細かく決められていた。

また、ヘルパーと社員の両方に与えられる「共通指示」の項目には「ポイントカード・安心・ラビカード獲得」の記載があった。「安心」とは、年会費を納めれば、他店で購入した家電商品であっても無料で修理に応じるヤマダ独自の補修サービス「Ｎｅｗ Ｔｈｅ 安心」のことであり、「ラビカード」とはクレジット機能が付いたポイントカードのことである。つまり、それらの会員獲得もヤマダ電機の社員同様に、ヘルパーにも指示していたのである。

これでは、ヤマダ電機は雇用関係のないヘルパーに業務を直接指示・命令し、管理していると疑われても当然と言わざるを得ない。

立ち入り検査から数日後の出来事

大阪労働局はラビワンなんばの立ち入り調査に引き続き、一月三十日から松下電器やシャープなど大手電機メーカー六社に対しても聴き取り調査を始めた。ヘルパー派遣の実態を、派遣元のメーカー各社に問い質したのである。そして二月に入ると、メーカー六社に対して是正指導を行ったのだった。

三月十五日、大阪労働局は職安法に基づき、ヤマダ電機に対して法令違反を通告し、改善を求める行政指導（是正指導）を行った。それに対して、ヤマダ電機は《今回の件で、コメントすることは何もない》（産経新聞、二〇〇七年三月十七日）と法令違反を否定した前回のコメントを修正することもなく、知らぬ顔の半兵衛を決め込んだ。

ところで、ラビワンなんばで常態化していた職安法違反容疑を、日本のメディアでいち早く摑んだのは、ヤマダ電機の特集記事を連載していた読売新聞（大阪）である。大阪労働局の立ち入り調査を、その前日に報じるなどスクープを連発している。

その読売新聞（〇七年三月十九日）は、大阪労働局のヤマダ電機に対する是正指導を、こう報じている。

《家電量販店最大手・ヤマダ電機（本社・前橋市）の大阪市内の大型店舗で、店側が家電メーカー販売員「ヘルパー」に業務の指示・命令を行っていた問題で、大阪労働局は、職業安定法違反（労働者供給事業の禁止）と認定、この店舗とメーカー数社に対して是正指導した。

店側は契約関係がなく、人件費も一切負担していないヘルパーを実質、管理下に置いて従事させており、その就労実態はメーカーからの違法な労働者供給にあたると判断した。家電量販店業界は、強い販売力を背景に、メーカーから多数のヘルパーを受け入れているが、管理を巡る違法性が明らかになるのは初めて。今後、業界としても見直しを求められそうだ》

さらに、問題の大型店舗のヘルパーの状態についても、こう触れている。

《是正指導を受けたのは、大阪市浪速区の「ＬＡＢＩ１（ラビワン）なんば」。関係者によると、大阪労働局が一月二十四日に立ち入り調査した際、十社以上のメーカーのヘルパー計約二百人が働いていた。同店の社員数（約二百七十人）の約七割に相当するという。

同店は、イヤホンとマイクがセットになった無線装置の着用をヘルパーに義務付け、同装置を通じて接客などを指示。社員と同形式の社名入り名刺を支給し、顧客には社員と区別しにくい形にしていた。

また、「休日希望」を提出させ、毎月の勤務ダイヤも店側で作成していた。

こうしたことなどから、労働局は、同店が実質、ヘルパーを労務管理し、日常の業務を直接、指示・命令していたと判断》

読売新聞の予想通り、その後、ヘルパー問題は業界全体に波及した。まずヨドバシカメラがヘルパーの廃止を発表し、全国の店舗で働いているヘルパーのうち約五百名を二年の間に直接雇用することを明らかにしたのだった。なお、ヘルパー廃止の理由を、ヨドバシでは「ヘルパーが他のメーカーの商品を一切触れないように管理するのは難しい」とコメントしている。

大阪労働局の是正指導から約二ヵ月後の五月十日、今度は公正取引委員会が独占禁止法違反（優越的地位の乱用）の疑いで、群馬県前橋市のヤマダ電機本社や複数の店舗に立ち入り検査に入った。これは、大阪労働局が扱ったヘルパー問題を別の観点から問題化させたものである。簡単に言えば、年間売上高一兆円を超えるバイイングパワー（優越的な購買力）を背景に、ヤマダ電機がメーカー各社にヘルパーの派遣を強要したというものである。また、言い換えるなら、毎年数十店舗にも及ぶ新規出店を続けてきたことで慢性的に不足する人材を、ヤマダ電機が「無料」で調達しようとして引き起こした事件でもある。

公取委の立ち入り検査に対して、ヤマダ電機（経営企画室）は《本日、公正取引委員会より検査を受けました。当社としては、検査の結果を受け、今後、専門家と協議の上、対応いたします》（東京新聞、二〇〇七年五月十一日）とコメントしたものの、大阪労働局の立ち入り調査の時のような容疑を真っ向から否定するようなことはなかった。

公正取引委員会の立ち入り検査から数日後、私はラビワンなんばのテレビ売場でヤマダ電機のコンプライアンス（法令遵守）を疑わせるような場面に遭遇した。

若い女性が店員の説明に聞き入っているように見えたのだが、売り場を逃げるように立ち去ろうとしたことが気になり、声をかけてみた。彼女は、三二インチか四〇インチの薄型テレビを買いたいと思い、家電量販店を回っているところだった。

「気に入ったテレビがあったのですが、三十万円を超える値段が消され、二十九万円になって、さらにタイムセールと書かれた札が貼ってありました。これでは、値段がよく分かりませんから、売り場の店員さんに『いくらなんですか』と尋ねたのです。そうしたら、いま（タイムセールの時間帯）なら、値段は二十五万円に下げて二五パーセントのポイントを付けますと言われました。でもどれだけ安くなったのか、いまひとつピンときませんでしたから、よその店も見てからまた来ますと返事したのです。すると、『他の店で（ラビワンよりも）安い値段があったら、教えてください。同じ金額にして三パーセントのポイントを付けたうえで、さらに値引きしますから、是非戻ってきてください』と言われました。これなら、安いなあと思いました。でも機能や使い勝手など商品についてもっと知りたいと思いましたので、いまから他の店にも回ってみます」

そう言うと彼女は、別れ際に名刺大のカードをくれた。テレビ売場の店員から渡されたものだという。《他店徹底対抗！》と赤字の大文字で記載されたカードを裏返すと、そこにはテレビ売場の店員が彼女に約束した値下げの内容が書かれていた。

《他店価格を徹底調査しています！　他店よりも高い場合は、同価格にして3％ポイントを付け、さらに現金値引きいたします》

数字の欄はもともと空白になっていて、売り場で適宜書き加えられるようになっていた。その次の「ｍｅｍｏ」欄には、二十五万円―二五％、タイムセールに限り有効と添え書きがあった。最後に、彼女の姓とテレビ売場の担当者の名前が、セールスアドバイザーの肩書きとともに《Ｍｉ　〇〇》とあった。

《Ｍｉ》の意味が分からなかったので、ラビワンの出入り業者に尋ねたところ、Ｍｉは三菱電機の略称で、これは三菱電機から派遣されたヘルパーを意味するという。もしこれが本当なら、ヤマダ電機では大阪労働局からの是正指導を無視し、法令違反状態を依然続けていることになる。

なおヤマダ電機では、CSR（企業の社会的責任）倫理綱領を制定している。ヤマダのHPによれば、CSRとは《具体的には、「法令遵守・企業統治・情報開示」など、一般に企業が社会に対して果たすべき「責任」などの活動》と規定している。

そして社長の山田昇名で「倫理綱領制定にあたって」として、こう宣言している。

《株式会社ヤマダ電機は、企業の持つ社会的責任の意義を十分認識し、日常業務の中で法令を遵守し、他の社会規範に反しないよう常に心がけ、全ての業務を公正かつ誠実に行うために、株式会社ヤマダ電機の基本方針を定めた倫理綱領を、以下のとおり定める》（傍点、筆者）

ヘルパー問題でも、ヤマダ電機の制定する倫理綱領通りであって欲しいと願う。

究極のローコスト経営

もともとヘルパー発祥の地は、東京・秋葉原（電気街）の家電量販店だと言われる。その頃のヘルパーは渡り職人みたいな存在で、目を付けた家電量販店を訪ねては、営業に来ているメーカーの担当者に「冷蔵庫なら、一ヵ月で一千万円以上は売ってみせるから、月〇〇万円で雇わないか」などと直接交渉して職を得る、独立したプロの販売員であった。メーカーにすれば、プロに任せたほうが不慣れな社員を応援に送るよりもはるかに自社の製品を売ってくれるのは分かり切ったことである。また量販店側にすれば、人件費なしで商品を大量に売ってくれるヘルパーは大歓迎だった。そしてヘルパーにとっても、自分の腕一本で高額な報酬を得られるとあって、やり甲斐のある仕事だった。まさに三者にとって、これほど好ましい関係はなかったし、平和な時代でもあった。

他方、ヤマダ電機など「安売り」を武器に全国展開する新興の家電量販店では、ヘルパーに対する認識は秋葉原とはかなり違った。ヤマダなど新興勢力にとって、特定のメーカーの製品を自分の考えと手法で大量に売る「自立した」ヘルパーなど不要だった。彼らが求めたのは、持論や自説を唱えず、本部の販売計画に沿って働く、あるいはその指示に忠実に従う「部下」であった。

例えば、本部が「薄型テレビは、松下のビエラ（プラズマ）とシャープのアクオス（液晶）を定番にして、今月は○○万台売り切る」と決めたら、それに忠実に従うヘルパーであれば、何もプロの販売員でなくてもよかった。むしろ「私は（派遣元の）パイオニアのプラズマテレビを売る約束ですから」とか「私はソニーと契約していますから、ソニーの液晶テレビを売ります」といった正論を吐くヘルパーは邪魔な存在に過ぎない。つまり、従業員代わりになるヘルパーを求める時代になったのである。

そしてそれを徹底させたのが、ヤマダ電機のラビワンなんばに他ならない。

ラビワンで働いていたヘルパーの数を、ヤマダ電機は公表していない。しかし前出の読売新聞の記事によれば、大阪労働局が立ち入り調査に入ったとき、約二百名のヘルパーが働いていたという。ラビワンの社員数は、公式には三百名だから、全体で約五百名が働いていたことになる。つまり、それだけの人員がラビワンの運営（日常業務）には必要だとヤマダ電機では判断していたのである。

ただし、実際に五百名の人員が必要なのは、来店客が集中する土・日の二日間と祝祭日に限られていたと思われる。平日は社員の数のほうが来店客よりも多いと揶揄されるぐらいだから、五百名全員が社員だと平日は半数近くの社員を遊ばせることになるし、その分の人件費もばかにはならないからだ。そうすると、約二百名のヘルパーは「応援要員」というよりも社員と同じ必要な人員として、最初からラビワンの日常業務のシステムに組み込まれていたと考えるほうが合理的である。ラビワンの運営は、ヘルパーなしでは一日も立っていられない構造になっていたのである。

ヤマダ電機は家電量販店業界で初めて年間売上高が一兆円を突破し、業界トップを誇るとともに、高い収益率も達成している。ヤマダの高収益は、他の家電量販店と比べて販売管理費（経費）率を一〇パーセント台前半に低く抑える徹底した「ローコスト経営」から生まれてきていた。そして経費の中でもっとも高コストなのが、人件費である。つまり、人件費を可能な限り低く抑えることがローコスト経営の鉄則と言える。

その意味では、店舗運営に必要な約五百名の人員の四〇パーセントにあたる約二百名のヘルパーを社員同様に働かせ、しかも人件費を負担しないラビワン方式は、ヤマダ電機が生み出した究極のローコスト経営なのである。

アフターサービス満足度は最下位

そのようなローコスト経営が、全国各地で多店舗展開を推し進めるヤマダ電機の拡大路線を経済的に支えていたものである。もちろん、全国に自前の物流拠点を三ヵ所持ち、独自の物流インフラを構築するなど、ヤマダ電機が他の面でもローコスト化に努めてきたことは事実ではあるが、もっとも高コストである人件費をメーカー各社に負担させるラビワン方式を「例外」とする十分な理由は、見あたらない。むしろ拡大路線の果てに辿り着いたのが、違法なラビワン方式だったように思える。

しかしそれで本当に、ヤマダ電機は急激な多店舗展開（拡大路線）によって生じる慢性的な人材不足を解消できていたのであろうか。

ラビワンに詳しい地元家電業界の幹部は、こう感想を述べる。

「山田社長は、ラビワンをオープンされたとき、都市型店舗としてユーザーに生活提案や使い方提案をしたいという旨を話されました。たしかに売り場も一時は、そういうことをやっていました。ところが、ヤマダさんにはそういうノウハウがありませんし、社員にもスキルがありませんから、なかなかモノにならないんですよ。例えば、オーディオの試聴コーナーがありますが、(担当の) 社員も音響メーカーから届って配置をしています。でもそこで、試聴してみたいという感じでもなく、ただ『置いてある』だけなんです。そこで試聴したいとユーザーに思わせる展示や配置の仕方、それらを含んだノウハウがない、つまり人材育成が十分じゃないんです。なのに、ヤマダさんは次々と多店舗展開しますから、人材育成どころか人手が足らなくなるわけです」

さらに、こうも言う。

「ラビワンは山田社長直々のお声掛かりの店ですから、会社もすごくバックアップするじゃないですか。そうすると、ラビワンの社員は絶対に育ちません。例えば、来店客を増やすために、ヤマダ電機の『ヤ』の字もなかったような難波周辺に大量の広告を打つなど物量作戦を展開しました。ヤマダさんは難波から京都の中心地までチラシを大量にまきますが、その半分以上はラビワンです。そのくらい徹底してやれば、多少は売れますよ。でもそういうことをやっているから、肝心のラビワンの社員は、余分な時間と労力をとられて、自分たちの売り場をどうしたらいいかと考える余裕がないんです」

しかし、ヤマダ電機にとって人材不足の深刻な点は、それまで得意だった郊外店から都市型店舗にも進出したことで、人材育成がいっそう遅れ出していることである。

例えば、都市型の実験店舗として広島市内に出店した「テックランド広島中央本店」では、初代店長にヨドバシカメラからスカウトした人材を充てている。ヨドバシカメラで培った都市型店舗の運営のノウハウを期待したのであろう。しかしその人物は、いまはラビワンに転勤になっている。初めての都心進出となった二〇〇七年のラビ池袋では、今度はラビワンから何割かの幹部や社員が転出し、それを埋めるために全国のテックランドの店から優秀な人材を引き抜くという「玉突き」が起きていると言われる。

各地のヤマダ電機の郊外店を取材した専門誌の記者は、こう感想を述べる。

「池袋に出店したさい、全国（の店舗）から何百人という優秀な社員が引き抜かれたと思います。まず店長クラスから引き抜きますから、テックランド（ヤマダの郊外店）は、その分だけ経営がけっこう大変になります。ヤマダの店長はどんどん若くなっていきますから、二十代後半でも店長になれます。でも店舗の運営は、人使いがポイントです。社員と派遣（社員）、ヘルパーという混成部隊で運営されているわけですから、二十代後半の店長がマネジメントするのは相当大変だと思います。それでも、上昇志向の強い若い人たちなら、人（従業員）を大切にするなんて思わないでやれるからいいかも知れませんけど」

しかし上昇志向が強い若者でも、ヤマダ電機の店舗で働くことはそう容易ではなさそうである。郊外店でフロア長（幹部）まで務めたＯＢは、こう述懐する。

「私は、商業高校を出てヤマダ電機に入りました。ちょうど、（ヤマダの郊外店が）地元九州にオープンした時で、社長面接がありました。給料は良かったです。地元企業と比べると一・五倍以上はありました。でも仕事は、きつかった。休みもなかなかとれなくて、月に一回あるかないかでした。仕事は一生懸命頑張りました。（ヤマダが）他県に出店したさい、フロア長として行けといわれ、赴任しました。だけども仕事はもっときつくなりました。他の社員よりも早く出社して、部下が全員帰るまで残って仕事をしました。休みもほとんどとれませんでしたので、もう身体がもたないなと思いました。こんな生活をしていたら結婚もできないし、普通の生活も送れないので、給料は良かったですけども、もう限界だと思い辞めました」

ヤマダ電機の従業員数は五千八百九十人、平均年齢は二十九・八歳、平均勤続年数は五・二年（いずれも二〇〇七年三月三十一日時点）である。多店舗展開にともなう新規採用によって、若い従業員が多い面はあるものの、前出のヤマダ電機ＯＢのようなケースも少なくなく、若い社員の「出入りの多さ」はよく指摘されるところである。

ちなみに、ヤマダ電機の人材育成の遅れは、ビジネス誌『日経ビジネス』編集部が行った「２００７年版アフターサービス満足度ランキング」（二〇〇七年六月十一日号）にも、数字となって表れている。「家電量販店」部門で、ヤマダ電機は十八社中十八位、つまり最下位である。満足度指数はわずか一七ポイントで、トップのマツヤデンキの六四・九ポイントの約四分の一である。その理由は、『日経ビジネス』にこう記載されていた。

《特に「問い合わせの対応」では満足度がわずか２・９。「電話に出ない」「店員が少ない」「長く待たされる」など、現場の人員不足による不満が多い》

さらに、このような指摘もあった。

《ヤマダ電機の再購入意向率は71・6％と平均とあまり変わらず、「価格が安いので許す」「ディスカウントストアと割り切る」という声もあった》

つまり、ヤマダ電機の魅力は「価格」だけで、その他のサービス等はほとんど期待されていないことが分かる。

家電量販店業界は、いわば労働集約型の産業である。優れた人材をいかに確保できるかが、勝負の分かれ目になると言っても過言ではない。ただし、それは接客や商品知識などの優れたスキルを持った人材の確保だけでなく、同時に店舗運営の上で必要とされる絶対的な店員の「数」の維持を否定するものではない。つまり、二重の意味での人材確保が必要なのである。

業界トップのヤマダ電機といえども、例外ではない。

それゆえ、ヤマダ電機では、多店舗展開による人材不足を、絶対的な「本部主導」によって補おうとしているとも言える。しかしすでに述べてきたように、テレビ会議と監視カメラによる詳細な指示、あるいは「定番」と呼ばれる品揃えと配置やレイアウトまで本部で決めてしまう中央集権的な手法では、現場の人材が育たないのもまた事実である。ある意味、ヤマダ電機は「負のスパイラル」に陥ってしまっているのである。

そしてそこからの脱出のためには、多店舗展開のスピードを緩めるか、あるいは強権的な本部主導による店舗運営を改めるなどの方策が必要と思われるが、そう簡単には踏み切れない「お家の事情」がヤマダ電機にはある。

「松下さんは応じているのに」

山田昇は、売上高にこだわる理由を《メーカーに仕入れ値や商品開発で発言権を持つには全体で2割のシェアが必要》（日刊工業新聞、二〇〇五年一月十二日付）と説明している。二〇〇七年現在で、日本の家電市場全体を八兆円とするなら、二割は一兆六千億円である。ヤマダ電機の売上高は一兆四千四百三十六億円で、約一八パーセント。事実、ヤマダは年間売上高が一兆円を超えた二〇〇五年頃から、メーカー各社に対して卸値の引き下げを強く要求するようになったといわれる。卸値が下がれば、それだけ他店よりも価格競争力を持つことができる。つまり、ヤマダ式ローコスト経営の徹底である。

あるメーカー関係者は、ヤマダ電機が要求する卸値引き下げの根拠について、こう疑問を呈する。

「ヤマダさんは、（年間）売上高一兆円を超える店と五千億円の店を同じ扱いにするのはおかしいと主張され、仕入れ価格の値下げを要求されます。しかしそうした差別待遇は、不公平な取り引きにあたりますから、公取委から問題視されます。違反行為を犯してまで応じることはできません。それに、いくら売上高が倍だからといって仕入れ価格を（売上高五千億円の店と比べて）半分にしたら、原価割れしてしまい、私どもはビジネスになりません。もちろん、製品ごとの対応はしています。テレビならテレビを大量に仕入れていただいた場合は、それに対する値引きはしています。それを全体の売上高で言われても、私どもと関係のない商品の売上高も含まれているわけですからね。現在、ヤマダさんと他店の卸値の差は、それほどつけていません」

さらに、こうも言う。

「すると、そこをついて、ヤマダさんは『だったら、それ以外で何か対応してくれ』と言ってこられます。さらなるサービス（リベート）の要求ですね。それが、ヘルパーの派遣やイベントやフェアを開催するさいに求められるデジカメ用の三脚やテレビ台など周辺機材の提供、または広告費や協賛金など現金の提供の要求だったりするわけです」

ヤマダ電機のヘルパー派遣の要求には、こうしたメーカーを絡め手で攻めてくる背景もあったのである。そしてヤマダの理不尽な要求を改めさせられない最大の理由は、メーカー側の足並みが揃わないことだった。

「私たちは、他社と市場でシェア争いをする前に、（家電量販店の）売り場のシェア争いをしているのです」といったメーカー側の本音を、取材中にしばしば耳にした。メーカー側には、売り場の良い場所に自社製品を置いて欲しい、そしてたくさん売って欲しいという気持ちがあるし、競合他社との関係からも自社製品を他社製品よりも手厚く扱って欲しいという弱みもある。それゆえ、メーカー同士の団結よりも、「売り場のシェア争い」を優位に進めるためには、むしろ進んで量販店側の無理な要求を呑んだり、逆にヘルパーの派遣を店側に提案するなど積極的にすり寄っていくケースも少なくない。例えば、ある家電メーカーなどは、全国各地の店舗に二千名を超えるヘルパーを派遣していると言われる。

別のメーカー関係者も、ヤマダ電機の要求に苦虫を噛む。

「売上高に応じて商品の卸値に差をつけろというヤマダさんの要求ですが、応じないでいると必ず『松下（電器）さんは応じているのに、お宅はなぜ応じられないのか』と非難されます。ヘルパー問題でも、同じようなことがありました。増員要求それ自体が納得できなかったので異を唱えますと、『松下さんが承知していることを認めないのは、いったいどういうことなのか』といって、責められます。家電業界トップの松下さんの名前を出すことで、牽制する意味があるのかも知れませんが、いい気持ちはしません」

かくして、メーカー側の足元を見たヤマダ電機の攻勢の前に、どのメーカーも最終的にはヤマダの要求をほぼ呑んでしまう。そしてそれがまた、ヤマダを勢いづかせることになってしまっているのである。

なお松下電器は、『現代』編集部の問い合わせに対し広報を通じて、家電量販店の売上高によって卸値を決めることはないし、（交渉に『松下電器』の名前が使われていることに対し）他社のことは知らないと回答してきた。

止まることを許さない外国人投資家の目

ヤマダ電機が急激な売上高の増大、シェアの拡大にこだわるもうひとつの理由は、その資金調達の経緯にある。

前述したように、ヤマダ電機は当初、多店舗展開する際の出店資金を地元銀行など金融機関から借りられなかった。そこで、大手証券会社のアドバイスを受け、社長の山田昇はヤマダ電機を店頭上場し、証券市場から資金を直接調達することにした。数回に及ぶスイスフラン建ての転換社債の発行で、山田は多店舗展開のための投資費用を賄うことができた。

また増資のさい、社長の山田昇自身も、創業者として保有する持ち株を第三者割当用に順次放出し、出店資金の調達を助けてきていた。そのため、山田の持ち株比率は下がり、現在（二〇〇七年三月）では、二パーセント以下にまで減っている。

つまり、山田昇はヤマダ電機の創業経営者であっても、もはやオーナーではないのである。しかもヤマダ電機の株主には、外国人投資家が多く、そのシェアは六割近くにもなる（二〇〇七年三月時点）。

その意味では、ヤマダ電機の高い株価は外国人投資家の評価によるものである。しかし彼らにとって、投資対象としてのヤマダ電機の評価を担保するものは、ヤマダの業績そのものよりも社長の山田昇が描く「成長戦略」にある。例えば、売上高一兆円の達成は何年までに、二兆円は何年までにというコミットメントを提示し、そしてそれが実現可能な数字であることを説得してきたことである。つまり、外国人投資家にとっては、ヤマダ電機の将来性を買っての投資なのである。

ヤマダ電機の成長戦略の説明に使われたモデルのひとつに、全米の家電量販店業界トップの「ベストバイ」があると言われる。年商約四兆円のベストバイの発展の軌跡を詳細にシミュレーションしたうえで、ヤマダ電機もまた同じような発展過程にあると主張したのである。その主張の正しさは、コミットメントの達成によって裏付けられる。

それゆえ、ヤマダ電機および社長の山田昇には、止まることも休むことも許されない。コミットメントが着実に達成されなければ、外国人投資家はヤマダの将来性に限界を感じ、ヤマダ株を手放すに違いないからだ。そうなれば、ヤマダ電機が山田の手から離れる可能性も否定できない。

しかしヤマダ電機は、本当に「強い」のだろうか。ヤマダの店舗は、他店よりも優れているのだろうか。

社長の山田昇は、「地域一番店」にこだわる理由をこう述べている。

《複数の家電量販が競合する地域が全国中にあるが、どこも地域一番店が利益を出し、二番店は出るか出ないか、三番店以下は利益がまったく出ていない。この構図はどの地域でも大体同じ。(中略)同質のナショナルチェーンでの共存はせいぜい3社が限界》(『週刊東洋経済』、二

〇〇四年八月七日・十四日号）

しかし人口三十万人から百万人の都市（地域）に出店するようになってから、あるいは都市型店舗としての出店では、ヤマダ電機は「地域一番店」の座を獲得していない。

都市型店舗の実験店を出店した広島では、「宣戦布告した」デオデオの牙城を最後まで崩せず、テックランド広島中央本店は地域一番店にはなれなかった。百万都市・福岡市に出店した当初は、ベスト電器本店を抜いて一時は地域一番店になったものの、ビックカメラやヨドバシカメラの出店でその地位を奪われ、二〇〇七年三月期で地域一番店は売上高三百億円のヨドバシカメラのマルチメディア博多である。ヤマダ電機の博多本店は、抜いたはずのベスト電器本店に売上高九十億円で並ばれてしまっている。

大阪では、都市型大型店舗のラビワンなんばの売上高三百億円は、ヨドバシのマルチメディア梅田の一千二百億円を前にしては、地域一番店どころの話ではない。

郊外店では、売場面積の広さと価格の安さで、地元の家電量販店や電気店を圧倒することができても、自前の補修サービス部門を抱えるなど価格以外の「強み」を持つデオデオやベスト電器には通用しなかったということである。さらに、品揃えや固有の店舗力を持つヨドバシカメラやビックカメラにも、同様である。

ヤマダ電機は、出店先で本当に強い相手と戦って負かした経験がないと言わざるを得ない。しかもヤマダ自慢のローコスト経営も、ヘルパー問題などに象徴されるように、その歪《いびつ》さと綻びが見えるようになった。

しかしそれは、ヤマダ電機が描く「成長戦略」がもともと内包した問題であり、ベストバイなど海外のトップ企業の成長過程をシミュレーションし、それを目標に数字を作ってきたことから生じるものでもあった。

例えば、ヤマダ電機自慢のローコスト経営とは、何よりも企業をローコスト体質に変えることである。たしかに、ヤマダは販売管理費率を一〇パーセント台前半に抑えることで、売上高だけでなく営業利益も伸ばしてきた。しかし売上高一兆円達成前後から販売管理費率は急増し、〇四年三月期には販管費率は一八パーセントを超えてしまう。以後も、販管費率の増大傾向は基本的に改められることはなかった。そして〇七年三月期には、販管費率は一九・二パーセントに達し、かつての高コスト体質にまであと一歩のところまで来てしまっている。

販管費の大部分は人件費である。売上高二兆円、いや三兆円を目指して売場面積の拡大、つまり年間数十店舗の多店舗展開と都市型大型店舗の出店ラッシュによって、売上高は急増したものの、同時に人件費も急速に膨らんでいたのである。それゆえ、人件費を抑えながら、売場面積の拡大、多店舗展開を続けようとするなら、必然的に「常駐ヘルパー」と呼ばれる「人件費のかからない社員」が不可欠になるし、その増員を絶えずメーカーに要求し続けるしかない。その意味では、ラビワンのヘルパー問題は象徴にすぎない。

また、販管費率を抑制できなければ、その矛先は、仕入れ原価に向かう。営業利益は、売上高から仕入れ原価と販管費を差し引いたものである。つまり、高い収益を維持するには仕入れ原価を限りなく低く抑えることが肝要である。ヤマダ電機が売上高によって、卸値に差をつけるように要求するのは、何も他社よりも価格競争力を持つ、つまり安売りをするためだけではなく、もっと本質的な、高い営業利益の確保という目的があったのである。

法令違反を犯すまで歪んだヘルパー問題も、ヤマダ電機の売上高による仕入れ価格の要求も、つまるところ、ヤマダの成長戦略の産物なのである。しかもそれらは、社会の至るところで軋轢を生み出している。

8 ● 松下電器とヤマダ電機

家電販売（流通）の主役がメーカーの系列店（専売店）から家電量販店（混売店）へと移り、さらに家電量販店の中でもその主流は「日本電気大型店協会」（ＮＥＢＡ）に集まる大手家電量販や地方の有力家電量販から、「安売り」を武器にしたヤマダ電機やコジマなどの家電ディスカウントストア、ならびに駅の傍に店舗展開するカメラ系量販と呼ばれるヨドバシカメラやビックカメラなどに代わった。

そのことを改めて社会に周知させたのは、二〇〇五（平成十七）年八月のＮＥＢＡの解散である。最盛期に九十六社の会員を誇り、一時は家電市場の二〇パーセントのシェアを占めたＮＥＢＡだったが、解散時には三十社と激減していた。

ＮＥＢＡの解散を決めた四月二十一日の総会後、会長の岡嶋昇一は会員やメーカー幹部を集めた懇親会の席上、次のような挨拶を行っている。

《家電量販業界は大変厳しい時代になってきています。そのような時代の趨勢の中にあって、いつまでもＮＥＢＡという団体が必要なのかどうかという協議を、昨年来、ＮＥＢＡでさせていただいてきました。その中で、「そろそろＮＥＢＡの役割は終わったのではないか」という意見が大勢を占めていたことから、本日の総会で解散を決議したということです。

ＮＥＢＡは昭和47年2月に設立されました。当時の情勢はまさに家電量販が勃興して業界全体が成長している時期でした。そのような状況の中で、量販店がもっと切磋琢磨してお互いが成長し、そして業界の秩序あるルール作りを行っていかなければいけないという高邁な理想のもとに、われわれの先輩たちがＮＥＢＡという組織を設立しました》

《ところが、残念なことに、年月を経る中で、当初は大変革新的な団体であったものが、徐々に変化してきました。そして革新的な量販店さんがわれわれＮＥＢＡ以外から出てくるようになってきました。（中略）

販売チャネルも大きく変化し、かつてはＮＥＢＡがメインチャネルであったものが、今日では、カメラ系量販店や全国展開の大手量販店さんにメインの販売チャネルを明け渡すという状況になっています》

さらに岡嶋は、ＮＥＢＡの貢献をこう力説している。

《これまでＮＥＢＡは業界のルールづくりに貢献してきました。例えば、家電表示規約の制定や家電リサイクル、情報システムの仕組み作りについての標準化、そういった諸々の業界のテーマに、過去の先輩たちは一生懸命取り組んできました。そういう面からは、ＮＥＢＡは、家電業界の色々な面において貢献してきたと言えると思います》（傍点、筆者。『ＮＥＢＡ会報』二〇〇五年五月・最終号）

一時は系列店を守ろうとするメーカー側と激しく対立したものの、ＮＥＢＡに集まった家電量販店のバイイングパワーが増すにつれ、両者間に「共存」のコンセンサスが生まれ良好な関係が保たれるようになった。そのＮＥＢＡ会員の家電量販店にコジマやヤマダ電機など家電ディスカウントストアは、全国各地で激しい「安売り合戦」を仕掛け、そして屈服させてきた。会員の量販店は倒産や廃業、あるいは身売りなどに追い込まれ、ＮＥＢＡは会員数減少の一途を辿らざるを得なかった。

ヤマダ電機やコジマ、あるいはカメラ量販のヨドバシカメラやビックカメラなどはＮＥＢＡの会員会社ではない。ヤマダは一時（一九八七年から九三年）はＮＥＢＡ会員だったものの、経営理念が合わないなどの理由で退会している。その意味では、一九九〇年代半ばの上州戦争から始まる家電量販店戦争は、ヤマダを筆頭とする非ＮＥＢＡ会員とＮＥＢＡ会員の戦いでもあったと言える。

そしてメーカーと家電量販の「共存時代」を経て、いまでは「（我々は）流通の奴隷だ」と自虐的な声がメーカー側から聞こえるようになった。それは、長らく続いた「メーカーの流通支配」の終焉を自ら宣言したようなものである。

エディオン、ビックカメラの統合話の裏

しかし現実は、そう簡単に割り切れるほど単純ではない。

ある流通関係者は、こう指摘する。

「日本のメディアは、ヤマダ電機の強引なやり方でメーカーが泣いている、というようなことをしばしば書きます。たしかに山田社長も『松下の一夜城と騒ぐけれども、ヤマダが協力しなければ、(一夜城なんて)絶対にできない』といったことを言われます。でもその反面、『松下に睨まれたら、ヤマダは終わりだよ』とも言われているのです」

山田の発言にある「松下の一夜城」とは、豊臣秀吉が一夜で墨俣《すのまた》に城を完成させた、いわゆる「墨俣一夜城築城」に因んで名付けられた「一夜城作戦」のことで、全国各地の店舗に新製品を「わずか一晩」で一斉に展示する手法のことである。製品によって展示する店舗数に違いがあるが、対象となる店舗は三千店から八千五百店程度と言われる。このような一斉販売態勢を整えることで、日本各地で新商品を同時発売して販売機会を逃さないようにするのである。

たしかに、松下自慢の「一夜城作戦」といえども、全国各地で多店舗展開を進め、四十七都道府県全てに出店しているヤマダ電機の協力なくしては、満足のいく結果は得られないであろう。松下自慢の系列店網は、いわゆる「町の電気屋さん」のため展示スペースが狭く、例えば、新製品のプラズマテレビ十三機種を一堂に展示することなどできない。それに対して、家電量販店なら売場面積が広いため、展示スペースを大きく確保することは可能である。とくに他店よりもいち早く店舗の大型化を進めてきたヤマダ電機は、店舗数および売場面積の広さからみても、松下電器の「一夜城作戦」には欠かせないパートナーである。

しかし反面、総合家電メーカーとしての松下電器は、洗濯機や冷蔵庫などの「白物家電」からテレビやオーディオなどのＡＶ機器まで幅広い家電製品を開発・生産し、しかも大量生産技術は日本の家電メーカーの中でも群を抜いている。かつては、日本各地の五万店にも及ぶ系列店に商品を供給してきた製造技術は、「販売の松下」と並んで「生産の松下」と呼ばれたほどであった。

つまり、全国各地で多店舗展開してきたヤマダ電機にとって、郊外店から今後は都市型大型店舗にまで出店攻勢を強めるうえで、拡大する売場面積を埋めるにはプラズマテレビなど多くの売れ筋商品を抱え、しかもそれらを大量に供給する力を持つ「生産の松下」の協力は必要不可欠になる。その松下との関係が悪化して十分な量の売れ筋商品を仕入れられなくなれば、いくら強大なバイイングパワーを持つヤマダとはいえ、経営は成り立たない。商品あっての小売業だからである。

ヤマダ電機と松下電器は、いわゆる「補完関係」のようにみえるが、それは微妙なバランスの上に成り立っている。というのも、外部からの相矛盾する評価がヤマダには珍しくないからである。

あるメーカー関係者は、ヤマダ電機と松下の「蜜月」をこう語る。

「たしかに（ヤマダ電機の）一兆五千億円近い売上高は、メーカーに対する『圧力』になります。しかしヤマダさんが、ヘルパーの派遣にしろリベートの要求にしろ、あれほどまでに強気の姿勢でいられるのは松下さんがバックアップしているからです。両社は非常にいい関係で、蜜月といってもいいと思います。私どもがヤマダさんの要求に難色を示したり拒否したりすれば、バックには松下さんがおられるわけですから、『いざ』という場合には、松下さんが全部引き受ければ済む話です。もちろん、それが実際に可能かどうかは別問題ですが……」

さらに、こう語る。

「大阪労働局から（メーカー各社にも）聴き取り調査が行われましたが、ヘルパー問題の本質といいますか、本当の問題解決のためには、松下さんが全部話さない限り、どうにもなりません」

他方、松下電器に詳しい経済誌の記者は、松下とヤマダの関係をこう解説する。

「松下にとって、ヤマダは利用できる販売チャネルのひとつという認識でしょう。以前、松下の幹部が、こんなことを言っていました。『販売チャネルは、その時々で替わっていくものでしょう。ウチは、それにうまく合わせてビジネスするだけです。ヤマダが、この先どうなるのか――それは、ウチとは全然関係ないことです。いまは、ヤマダとは良い関係なので、それをうまく利用するだけです』と。さすがは、商売上手な松下です。改めて松下商法のドライさを見せつけられた感じでした」

だから、ヤマダ電機の「独走」をたんに傍観しているだけではないという。

「破談になりましたが、今年（二〇〇七年）二月にエディオンとビックカメラの経営統合が、突然発表になりました。正確にいえば、経営統合を前提とした資本提携の発表ですが、それも結局のところ、松下の『仕掛け』だと言われています。松下は公表していませんが、両社の提携発表の前に、売上高で卸値の割引きの条件を見直すことにしたと松下の関係者から聞きました。それまでも目安となる売上高の額はあったのですが、いまのような一兆円とか五千億円とか大きな数字を前提にしていませんでした。例えば、一千億円を超えるとみな同じ条件になっていたのです。それを、一兆円、七千億円、五千億円といった具合に売上高を分けて卸値の割引きに差をつけたのです。つまり、業界で唯一売上高が一兆円を超えているヤマダが、一番恩恵を受けることになります。そこで、いままでもヤマダ（の安売り）にいいようにやられてきたのに、これ以上はたまらんとばかりに（両社の）合併話が進んだというわけです。松下にすれば、ヤマダと互角に競える相手がいれば保険にもなりますし、（大きな）受け皿がもうひとつ欲しかったのです」

エディオンは、二〇〇二（平成十四）年にエイデン（名古屋）とデオデオ（広島）が経営統合し、その後にミドリ電化などが加わった業界二位（売上高七千百四十六億円）の東証一部上場企業である。ビックカメラはヨドバシカメラと並ぶカメラ系量販の雄で業界五位（四千八百四億円）、その両社の売上高にエディオンが子会社化を発表していたサンキューの九百五億円を加えると、約一兆三千億円になる。これは、業界トップのヤマダ電機の一兆二千八百三十九億円（数字は全て、二〇〇六年三月時点）を抜く数字である。

つまり、エディオンとビックカメラは、経営統合によって、少なくとも松下から家電商品を仕入れる場合、ヤマダ電機とはその差はなくなることになる。

だが両社の経営統合は発表から約二ヵ月後に取り止めになり、資本・業務提携——発行済み株式の三パーセントを互いに持ち合うことや商品の共同仕入れなど——だけは、従来の合意通り、続けられることになった。ビックカメラ側からの「(経営統合の)協議を開始することは時期尚早」との申し入れによるというのが公式な説明だが、それ以外にも両社のカルチャーの違いや、ビックがエディオンに呑みこまれることを恐れたからなど、いろいろと理由が取り沙汰されたものの、いずれも推測の域を出るものではなかった。

再編問題は、今後もメーカーと量販店両方の思惑が絡み合いながら進むことが予想されるが、いずれにしてもヤマダ電機と松下電器が「キー」となることは間違いない。そして注目すべきポイントは、松下電器の系列店政策の見直し(ナショナルショップの切り捨て)とヤマダ電機の地域店(町の電気店)の取り込みという、一見相反する戦略が「密接な」関係にあることである。

新たなフランチャイズ事業

ヤマダ電機は、全国展開を開始した当初、地方都市の三十万人商圏を対象に郊外(道路沿い）にテックランドと名付けた業態での出店を行ってきていた。次に対象とする商圏を人口百万人を超える大都市にも広げたさい、都市型大型店舗をＬＡＢＩ（ラビ）やＬＡＢＩ１（ラビワン）という業態で展開している。そして社長の山田昇は、今後の都市型店舗の展開については、ラビでは売場面積約二千五百坪程度を目安にすることを明らかにした。

わが国の家電市場は八兆円産業と言われるが、将来十兆円まで拡大したとして、社長の山田は「私は３割までは行けると言っている。シェア３割、売り上げ３兆円です。そこまでは行く」（『週刊東洋経済』、二〇〇七年五月十二日号）と意欲満々である。しかし三兆円といえば、現在（二〇〇七年三月期）の年間売上高の二倍強である。

たしかに、ヤマダ電機の急成長振りには目を見張るものがある。年間売上高が五千億円を超えるのは、二〇〇二（平成十四）年三月期、「株式会社ヤマダ電機」設立から十九年後のことである。しかし次の五千億円、つまり年間売上高一兆円を達成したのは、二〇〇五年三月期。わずか三年である。そして次の五千億円増は二〇〇七年中で、さらに短縮されて二年での達成となる。とはいえ、売上高三兆円達成のためには、郊外店や都市型大型店による多店舗展開だけで十分とは言えまい。それまでのヤマダにとって主要なターゲットではなかった、人口三十万人以下の商圏にも積極的な進出を図らなければ、つまり新たな市場を開拓しなければ、おそらく売上高の急伸は望めないであろう。しかしそれは、「小回りの利かない」ヤマダにとって、そう簡単ではない。五万や十万人といった小規模商圏では、町の電気店が持つような細やかなサービスが求められるからである。

二〇〇五年三月一日、ヤマダ電機は新しくフランチャイズ（FC）事業を立ち上げた。ヤマダのニュースリリースには、その目的は《大商圏の大型店で出来ないことを、小規模商圏での小型家電専門店で地域密着のサービス提供を図り、ソリューション専門店として明確に住み分けた中で、店舗のネットワーク構築を図る》とあった。「小型家電専門店」とは、要するに「町の電気屋さん」（地域店）のことである。そして「地域密着のサービス」とは、広島でのデオデオとの戦いで明らかになったように、ヤマダの不得手な地域店タイプの細やかなサービスを指している。つまり、不得手な分野は、専門家に任せようというわけである。

ヤマダ電機のFC事業を簡単に言えば、松下電器が地域店を系列化して作ったナショナルショップのような販売網を作り上げることである。前者は「メーカー系列」と呼ばれるが、それに倣うなら、後者は「量販系列」とでもいうべき販売網である。ただ違いは、松下がそれこそ地域店一軒一軒と系列の契約を結んだのに対し、ヤマダの場合、地域店単独でも加盟は受け付けるものの、狙いは各地方ですでにフランチャイズを展開している企業との提携や合併などを通じて、手っ取り早く販売網を傘下に置くことである。

そのFC事業の本部が、ヤマダ電機社内に設置された「コスモス事業部」である。コスモス事業部の傘下で、FC契約を結んだ地域店は「コスモスヤマダDK〇〇店」を店名とすることになる。社長の山田昇が系列店から商売を始めたとき、社名を「ナショナルショップ　ヤマダ電化センター」としたのと同じである。

ＦＣ事業立ち上げから一ヵ月後の四月、ＦＣ第一号店「コスモスヤマダＤＫ吉野川店」が、徳島県吉野川市にオープンした。そして七月には、静岡を地盤とする家電量販店・マキヤや豊栄家電（本社、名古屋市）とＦＣ事業展開に関して業務提携した。これらによって、すでに出店している広島と合わせて、中国・四国地区のヤマダの営業力が強化されることになった。

とくに注目すべきことは、ヤマダ電機が豊栄家電と共同出資でＦＣ事業を展開する新会社「コスモス・ベリーズ」を発足させたことである。正確に言えば、豊栄家電から家電事業を分割し、それを母体にヤマダ電機が五一パーセント、豊栄家電が四九パーセント出資したものである。つまり、新会社はヤマダ電機の「子会社」として再スタートを切ったのである。

スモールメリットとスケールメリット

一九七一（昭和四十六）年に創業された豊栄家電は、ヤマダ電機同様、町の電気店から始まっている。その後、ヤマダ電機が家電量販店へ転換したのに対し、豊栄家電は二年後にＦＣ事業を開始し、他の電気店相手にフランチャイズチェーン作りに着手した。そのさい、フランチャイズの店名を「ベリーズホーエー」とした。ちなみに、新会社の社名「コスモス・ベリーズ」は、ヤマダと豊栄家電両社のＦＣ事業、コスモス事業部とベリーズホーエーに由来するものである。

ヤマダ電機と事業提携する前の豊栄家電は、資本金二億円、年商六十億円余り（グループとしては約百億円）の中小企業に過ぎなかった。すでに年商一兆円を達成していたヤマダにとって、豊栄家電のFC事業を傘下に置いたからといって、それが業績に大きな影響を及ぼすことはなかった。それでもなお業務提携、そして新会社の設立にまで踏み切ったのは、豊栄家電が東海地方に展開していたFC店舗が約百店を数えたからである。

つまりヤマダ電機は、子会社「コスモス・ベリーズ」を通じて、東海地方に一躍、町の電気店約百店舗のネットワークを手に入れたのである。

他方、ヤマダ電機のコスモス事業部は、FC第一号店がオープン早々、大量の不良在庫を抱えて立ち往生するなど、改めて地域店を指導・サポートするノウハウがないことを露呈した頃であった。その意味でも、ヤマダにとって、豊栄家電との業務提携は数字以上に魅力的なものであったに違いない。

コスモス・ベリーズは二〇〇五年九月一日に設立され、翌二日には名古屋市内のホテルで披露式とパーティが開催された。会場には、ヤマダ電機および豊栄家電の経営首脳を始めベリーズホーエーの加盟店、メーカー系販売会社（問屋）の経営幹部ら約二百名が顔を見せた。披露式の冒頭、コスモス・ベリーズ社長の岩瀬弘之が挨拶に立った。

岩瀬は、社長としての抱負をこう語った。

「新会社の目標は二つです。ひとつは、コスモス・ベリーズグループの加盟会社の成長と繁栄を図ること。もうひとつは、その成果を得て、この東海四県に新しい加盟メンバーのネットワークを拡大していくことです。
ひとつめの加盟会社の成長と繁栄については、いまのままではいけない、将来に対する新しい決意で臨むといったことを受けまして、オーナー自らがお店を改革するという意識にまず立つところからスタートします。二つめの新しいメンバーの拡大については、当面東海地区で三百店のネットワークを完成させたいと考えています」（傍点、筆者）
さらに、ヤマダ電機と新会社の関係に触れた。
「ベリーズホーエーのスモールメリット。親切、安心、すぐに来てくれるという小回りの利くスモールメリットとヤマダ電機のスケールメリットとの融合が、地域家電店の明日の成長につながることを確信し、この事業に、新しい役員体制のもと、一丸となって取り組んでいきます」（傍点、筆者）
続いて挨拶に立った豊栄家電社長で、新会社の会長に就任予定の三浦一光は、ヤマダ電機との共同出資の経緯について、こう語った。
「この会社（コスモス・ベリーズ）は、二月に私が山田社長にお話ししました。それから、短期間で会社を立ち上げることが出来ました。私どもベリーズは、長年にわたって『あなたの電気係』を志向して参りました。そのことが、家電業界の大きな変化の中で、お客様から求められ、また（ベリーズホーエーが）必要であると支持されてきた理由だと考えております。高齢化社会や家電のデジタル化・ＩＴ化がどんどん進み、家電製品の販売などでフォローが十分ではないと感じられているお客様にとって、（ベリーズが）必要であることが、ますます社会のニーズとして出てきております。このことについて、山田社長とお話したとき、ご理解をいただきました」

さらに、それまで家電量販店を「宿敵」と見なしてきたベリーズホーエーの会員会社の反応についても、こう語った。

「加盟していただいていますメンバーのみなさんからも、今回の新会社については、ひとりの反対者もなく賛成していただきました。この会社に対する（メンバーからの）期待の大きさを感じるとともに、緊張している次第です。どうしても成功させないといけないと考えています。全国では、四万数千軒の地域電気店が頑張っています。コスモス・ベリーズグループは、率先して『あなたの電気係』を究めることで、全国の地域電気店の模範になりたいと痛切に感じております」

新会社の会長、社長という二人の経営首脳の発言から窺えるのは、「背に腹は代えられない」という苦しい地域店の経営と、同時にかつての宿敵の代表ともいうべきヤマダ電機の傘下に入ることでスケールメリットを享受したいという切望である。

「サービスが無料だとは、ひと言も言っていません」

地域の電気店の経営が苦しいのは、肝心の家電製品の店頭価格が家電量販店よりも高いからである。同じ商品なのに値段が違えば、当然、顧客は値段の「安い」店に流れる。商品が売れなければ、経営は成り立たない。

そもそも店頭価格が家電量販店よりも高いのは、仕入れ値が違うからである。大量仕入れの家電量販店は、メーカー系列の販売店（問屋）から仕入れ値を大幅に割り引いてもらえるが、地域の電気店の場合、そうはいかない。つまり、価格での勝負は最初から付いていたのである。そのハンディを、地域の電気店では細やかなサービスで何とか補ってきた。とはいえ、それにも限界がある。例えば、二倍とは言わないにしても、三割や四割近い価格差がつけば、値引き額の大きい大型家電商品を地域の電気店で購入する顧客はいないだろう。率直にいえば、家電量販店の「安売り」攻勢に有効な対策は、地域の電気店にはないということである。それゆえ、地域の電気店は廃業や転業を余儀なくされてきていた。

しかし逆に、家電量販トップのヤマダ電機と同じ仕入れ値で、地域の電気店が家電製品を仕入れることができるなら、諦めていた価格での対抗が可能になる。「宿敵」の代表ともいうべきヤマダ電機の傘下に入ることに賛成した背景には、そうしたヤマダに対する強い期待感があったことは想像するに難くない。

それゆえ、二人の経営首脳は、加盟会社には「いまのままではいけない」という強い危機意識と同時に改革への意欲を求め、ヤマダ電機には「スモールメリット」を何度も強調したのであろう。

他方、ヤマダ電機社長の山田昇は、設立披露式で彼の経営哲学やヤマダの戦略などについての講演を行った。その中で、コスモス・ベリーズに何を期待しているのか、それがヤマダの拡大路線とどう結びつくか、を知る手がかりとなる興味深い発言があった。

「私は、十年間系列店の体験をしていますから、新会社コスモス・ベリーズの方針もよく理解しています。要は、お客様もセグメント（分類）しなければいけません。地域のお店が、量販店の土俵で戦っても仕方ありません。地域店がヤマダ電機をターゲットにしていてはダメなのです。大切なのは、市場のニーズに対してどうするかです。先ほども言いましたが、ヤマダ電機は最大公約数のお客様しか取れないのです。しかしそれ以外のお客様もきちんといるのですから、そこに照準を合わせなければいけません」

さらに、勝負すべきビジネスを示唆する。

「私どもはコンテンツの中で、サービスを非常に重視しています。これだけで、利益を相当上げているのです。みなさん、一度当社のチラシを見てください。サービスが無料だとは、ひと言も言っていません。長期保証という言い方はしています。私どもは、サービスを商品化して売っているのです。それを十数年前から行ってきました。最近は、デジタル商品が増えていますから、サポートサービスがひとつのチャンスだと言えます。当社は、これを積極的に行っていますが、同業他社は無料と言っている。ここが違います」

つまり山田の本音は、コスモス・ベリーズの加盟店に「サポートサービス」中心のビジネスに注力させることにあると言える。サポートサービスの代表的な仕事といえば、修理や補修など手間暇がかかるビジネスである。そしてそれは、ヤマダ電機が不得手な分野でもある。逆に、ヤマダ電機の不得手な分野を加盟店が補ってくれるなら、広島でのような失敗は免れるだけでなく、「安売り」と「小回りの利くサービス」でヤマダの強さは倍加するだろうし、ブランド力も向上する。

しかしそれは、多くの加盟店がヤマダ電機の「下請け」に甘んじることを求めかねない危険性も孕んでいた。

「仕事の安定」か「電気店としての生き残り」か

家電店の実務情報誌『技術営業』(二〇〇七年四月号)では、特集「忍び寄るヤマダの支配力 コスモスベリーズは地域店を救えるか」を組み、その中で、地域店(加盟店)の不安をコスモス・ベリーズ会長の三浦一光に問い質している。

《●ヤマダ電機で購入したお客の商品の設定やセッティングを、BFC(加盟店)がやらされ

るのではないかと危惧（きぐ）する地域店も多いようですが。

三浦会長　確かに「ヤマダ電機の工事・修理サービスの請負契約」はメニューとして用意しています。しかし、強制は一切していません。「ＢＦＣに入ったらヤマダの尻拭いさせられる」なんて吹聴する人が多いようだけど、強制はしていません。

むしろ表面では「あの憎たらしい量販店の下請けをやるなんてやだ」なんて言いながら、商売の上では「安定した仕事がほしい」という人もいるんですよ。安定して仕事が請けられることが魅力なんですよ》

しかし、たとえ物理的な強制はしなくても、そういう状態に追いつめるなら、実質的に「強制」していることと何ら変わらないだろう。だから、三浦の次の発言が意味深なものに映るのである。

《昨年11月にスタートした「ヤマダ電機東海サービスセンター」がそれですが、ここでは修理受け付けの窓口業務を行っています。ＢＦＣだけではなく、専門業者も登録していますが、ＢＦＣに加盟したら強制的に入れられることはありませんので。

ただし、登録する場合は、毎月一定量の仕事をしてもらいます。「自分の仕事が忙しいからできない。暇なときだけ仕事をくれ」というのはなしということです》（傍点、筆者）

たしかに、三浦の最後の部分の発言は正論である。いったん仕事を請け負ったら、アルバイト感覚ではなく本業として、責任を持ってやり遂げて欲しいと求めるのは当然のことである。

しかし、地域の電気店の経営者から見れば、自分の仕事を自分でコントロールできないという致命的な問題を抱え込むことになる。地域の電気店の強みは「小回りの良さ」にある。顧客からの連絡にすぐに対応できる小回りが、最大の武器と言っていい。だが、請負契約を結ぶと、ヤマダ電機の工事・修理サービスの仕事を最優先させなければならない。もし顧客からの連絡とヤマダの仕事が重なった場合、契約上、ヤマダの仕事を優先させたなら、自分の顧客を失う可能性が高い。小回りの利かない地域の電気店など、魅力がないからである。

その意味では、請負契約は会員店に「仕事の安定」か「電気店としての生き残り」かの二者択一を迫るものでもあった。前向きに捉えるなら、将来性が見込めない会員店に対してそれまでの蓄積を活かせる新しい道を提示することで、固執する電気店経営から補修・修理などのサービス専門店へソフトランディングできるよう準備したものと言えるかも知れない。

強調される〝コンテンツビジネス〟の将来性

いずれにしても、家電量販店が流通を支配する現在、四万軒を超える地域の電気店すべてが生き残れる保証がどこにもないように、コスモス・ベリーズの会員店も同じ運命にあることは否定できない。そこで、どのような道を選択すべきか――その決断、いや踏ん切りを付けさせることが、「請負契約」のもうひとつの目的だったと言えないだろうか。しかもその選択が、会員店の希望に満ちたものでなければ、会員店は減少の一途を辿ることになる。

そうなれば、コスモス・ベリーズに将来はないし、ヤマダ電機も共同出資した意味がない。そこで、サービス専門店の明るい未来を訴える必要が出てくる。

山田昇は、設立披露式の講演で物品販売以外のビジネスの重要性をこう指摘している。

「北海道から沖縄まで全国に出店しましたが、このネットワークを利用したコンテンツビジネスを重点的にマーケティング展開しています。ネットワークがあるということは、そこにインフラ（生活や生産のための社会的な基盤）があるわけです。例えば、サービスがあり、店があり、人、宣伝、物流があります。それらを利用して利益を出すというビジネスに意図的に取り組んでいるのです。現状では、同業他社、どこの店を見ても画一的で差がありません。そこで私どもは、このインフラの中で『目に見えないビジネス』によって収益を上げていこうと考えています。目に見えるものは、すぐに模倣されます。重要なのはサービスコンテンツ、情報システムコンテンツ、物流コンテンツ、あるいはウェブ（Ｗｅｂ）コンテンツなどで、商品販売をコアにしながら、こういったコンテンツでビジネスの収益を作り上げようとしています。それが、私どもの特徴であります」

さらに、こう力説した。

「当社の収益構造は約六〇パーセントが売買差益で、残りの四〇パーセントはコンテンツビジネスであります。ここが違います。ヤマダをよく理解されていない方は、表面的なことしか見ず、中身を見ようとしていません」

他方、コスモス・ベリーズ会長の三浦一光が語る地域の電気店の未来も明るい。

《家電業界では、物販のマーケットが7兆5000億円あります。そして、具体的な統計数字はありませんが、うちのグループでソフト関連の業務が20～21%あることから考えると、ソフトビジネスは1兆5000億円あることになります。つまり、物販とソフトビジネスのトータルで、9兆円のマーケットということです。

メーカーのターゲットは7兆5000億円ですが、1兆5000億円のサービス業務がないと7兆5000億円の商品が機能しないということになる》(『技術営業』、二〇〇七年四月号)

そして三浦は、こう結論づけるのである。

《デジタル化すればするほど、ソフトビジネスのマーケットが重要になってきます。もちろん、ここを担うのは大型量販店ではない。

売るだけではだめで、設置や修理、工事、メンテナンスをする人が必要だからです。つまり、このマーケットで生きる地域店があってもいいのではないかということです》(前掲誌)

山田も三浦も、要するに、地域の電気店の未来は物販以外のビジネスにあると説くのだが、一般論としてはともかく、はたしてそれで現実的な問題解決になるのかと疑問に思える点も少なくない。

山田の重視する「コンテンツビジネス」は、一般的に使われている「コンテンツビジネス」

という言葉とその意味が違うようである。例えば、映画をコンテンツビジネスの観点から捉えるなら、映画作品を製作する（コンテンツクリエーション）ことで、そこには商品としての価値が生まれる。配給会社は映画作品（コンテンツ）を購入し、それを映画館に配給することで利益を得る。映画館は上映で入場料を得る。製作者（映画会社）は、映画をビデオやＤＶＤ作品にして再度販売したり、衛星放送や地上波のテレビ局、ケーブルテレビなどにコンテンツ（作品）として提供し使用料を得る。つまり、コンテンツビジネスとは、権利ビジネスも含めた二次使用、三次使用などコンテンツから派生するすべてのビジネスを指している。

ところが、山田のコンテンツビジネスは、一般的な意味合いとは少々違うようだが、ここでは定義を争っているわけではないので、物販以外のビジネスを指していると理解するに止める。

そうすると、山田の「サービスコンテンツ」が何を指すのかといえば、三浦が大型量販店にはできないソフトビジネスとして挙げた「設置や修理、工事、メンテナンス」などであろう。たしかに、それらをヤマダ電機では「有料」で行っている。しかし有料だからという理由だけで、ヤマダがサービスコンテンツのビジネスを行っているということになるだろうか。

すでに述べたように、ヤマダ電機は自前の補修・修理サービス部門を持たない。大手家電量販店で持っているのは、広島のデオデオや福岡のベスト電器などに限られている。つまり、ヤマダのサービスコンテンツ（テレビやＤＶＤの設置、あるいは修理やメンテナンスなどの業務）を実際に行っているのは、委託された外部の業者である。

山田昇が自慢する「コンテンツでビジネスの収益を作り上げよう」とする実態は、コミッション（手数料）ビジネスに過ぎない。顧客から徴収した料金からヤマダの利益等を引いたものが、外部委託業者の取り分になっているからである。率直にいえば、ピンハネをしているのである。ピンハネにはコストもほとんどかからないから、収益性は高い。また外部の業者に委託するから、それに関連するノウハウなどが社内に蓄積されることもない。

それに「サービスコンテンツ」の特徴は、必ず物販ビジネスを前提としていることである。テレビが売れたから、その配送や設置、あるいはメンテナンスなど三浦の言うソフトビジネスが生まれるのである。つまり、ヤマダ電機が大量の家電製品を販売するから、それにともない「サービスコンテンツ」のビジネスが生まれるのである。そしてそれを、外部の業者に委託するから、膨大な収益（差益）が得られるのである。

コスモス・ベリーズ会長の三浦一光は、「このマーケットで生きる地域店があってもいいのではないか」と主張するが、そのためには、ヤマダ電機同様、会員店も家電製品をきちんと販売しなければならない。だが、その三浦は、『技術営業』の同じ号で正反対の発言をしている。

《モノは、徹底的なバイイングパワーで安く売る世界ができてしまった。そこで私が考えたのがモノ離れですよ。ソフトビジネスの分野で経営が成り立てばいいじゃないかと。

これはヤマダ電機と付き合ってみて、できるという自信を持ちました。ヤマダ電機ができて

いるからです》

三浦の発言は、不可解である。ヤマダ電機のソフトビジネスは、家電製品を大量に売っているから成り立っている。会員店に「モノ離れ」を勧めるということは、利益はともかく「モノ」を大量に販売する家電量販店、つまりヤマダ電機の「下請け」をしなさいと言っているようなものである。

ちなみに、三浦はヤマダ電機の顧問も務めている。

「モノ離れ」を勧められる会員店

ここで、コスモス・ベリーズの「会員店」とその仕組みについて、簡単に触れる。

これまで「会員店」と書いてきたが、じつは大きく二種類に分けられる。ひとつは、ヤマダ電機のコスモス事業部が展開してきたFC（フランチャイズチェーン）である。もうひとつは、豊栄家電のチェーン店「ベリーズホーエー」の流れを汲むVC（ボランタリーチェーン）である。

FCとは、コンビニに象徴されるように、本部があってそこが商品の供給から宣伝、さらに店舗イメージやレイアウト、営業の仕方まですべて指示し、代わりに各店舗は売り上げからロイヤリティを支払うシステムである。各店舗には、オーナーがいるものの、独自の経営を行うことはできない。他方、ＶＣは、いわば協同組合のようなものである。各店舗は店名を含め独自の経営を行うとともに、資金を出し合って全体を統合する会社を設立し、仕入れや販売促進、物流などを共同化することで助け合う組織である。それゆえ、ＦＣのように直営店があって、その店舗を真似るようなことはしない。

コスモス・ベリーズで中心となるチェーンは、豊栄家電から引き継いだＶＣを再構築して作った名称「ベリーズ・フレンド・チェーン（ＢＦＣ）である。つまり会長の三浦が、「モノ離れ」を勧める会員店は、主にＢＦＣである。

地域の電気店がＢＦＣに加盟するには、加盟金十万円とシステム利用料（月会費）の一万円、それに保証金（三種類、最高額は三十万円強）である。ＦＣのようなロイヤリティを別途支払う必要はない。特筆すべきなのは、ＢＦＣに加盟してもメーカー系列を外れる必要がないということである。

地域の電気店は、そのほとんどがメーカーの系列店である。系列店がＢＦＣに加盟した場合、系列の家電商品はメーカー系の販売会社から仕入れ、系列以外の商品をヤマダ電機のルートを通じてコスモス・ベリーズから仕入れることになる。つまり、メーカーの系列政策と対立することなく、加盟店は系列外の商品を揃えることが出来るので、以前よりも品揃えがよくなるというわけである。

メーカーの系列店にとって、ＢＦＣは加盟条件を含めてきわめて参加しやすくなっていると言える。もちろん、加盟店を増やしたいコスモス・ベリーズにとって、それが最大の狙いでもあるのだが……。なお、コスモス・ベリーズ会長の三浦一光は、松下電器の社員時代、名古屋支社で量販課長を務めていた。そのとき、豊栄家電の創業者がナショナルショップを集めてVCを作ろうとしたとき、その構想に反対し取引を一時停止させたという経緯を持つ。立場と環境が代わって、三浦がVCを推進する側に居るのは何か歴史の皮肉を感じさせる。

「パパママ・ストア」の衰退

郊外店から都市型大型店舗、そして十万人以下の商圏にも触手を伸ばすヤマダ電機にとって、その先兵となるコスモス・ベリーズの設立と加盟店のソフトビジネスへの転換は、意図的か否かは別にして、松下電器の系列政策の見直しとも連動する一面がある。

メーカー系列の中でも、松下電器の系列店「ナショナルショップ」は他社を圧倒する販売網を構成している。前述した熱海会談以降、創業者の松下幸之助を先頭に系列の建て直しを行い、盤石に近い販売体制を完成させていた。その象徴が、最盛期で約二万七千店を誇ったナショナルショップの存在である。コンビニ業界トップのセブン-イレブンでさえ、店舗数は一万店を超える程度なのに、である。

その松下の系列に綻びが見え始めるのは、ひとつは創業者・松下幸之助とともに「共存共栄」を旗印に松下の販売網を支えたショップの店主たちが世代交代の時期を迎えたことである。しかも「町の電気屋さん」に将来性を見出せない店主の子供たちは、跡を継ぐことを嫌がり、都会へ出て行った。いわゆる後継者難である。

もうひとつは、デジタル技術の塊といわれるパソコンがビジネスユースから一般家庭にまで普及してきたことに象徴されるように、家電製品のデジタル化が進んだことである。アナログテレビのように電源を入れたら、あとはチャンネルを替えるだけという時代から、デジタルテレビやDVDなどデジタル家電は別名「説明商品」と呼ばれるように販売側に詳細な商品知識が求められるようになったのである。

ナショナルショップの多くは、他のメーカー系列店同様、「パパママ・ストア」と称される家族経営である。後継者がいないショップでは、高齢の店主が次々と生まれる多様なデジタル家電商品を絶えず勉強し、商品知識を身につけていくことは容易ではない。説明商品が増えるスピードに対応できないからである。そうした地域の電気店経営の厳しい環境のなかで、松下電器では幸之助の「共存共栄」の理念のもと、ショップをサポートしていった。例えば、家電部門では、ショップルートの売り上げよりも家電量販店のそれが高くならないよう、商品供給の量に配慮するなどの対応をしていた。

その意味では、系列店を守ろうとする松下電器と、安売りを仕掛けて各地で地域の電気店を潰してきたヤマダ電機とは、まさに水と油である。松下電器と山田昇の関係は、当初から良好なものとは言えなかった。ナショナルショップとして電気店経営をスタートさせた山田だったが、定価販売を求める松下に対して割引きセールを止めようとしなかったため、一時取引停止されたこともあったようだ。家電量販店に転換してからも、取引は続けられたものの、良好な関係とは言い難かった。これみよがしに「パナソニック（製品）の安売りがやりたいな」と松下の営業担当者が言われたこともあったという。

〝永遠に右肩上がり〟が前提の蜜月

そのような両社の関係に変化が見られるのは、二〇〇〇（平成十二）年六月に中村邦夫《くにお》が松下電器社長に就任し、『破壊と創造』のスローガンのもと系列政策の見直しが行われるようになって以降である。創業者の松下幸之助を頂点に松下電器とナショナルショップの店主たちとの間で築かれた「共存共栄の理念」は、中村によって自立した者同士の間に成立するものと解釈された。自立していないもの、例えば経営難に陥っているナショナルショップは松下電器との共存共栄は考えられないということになる。

そこで、松下電器はナショナルショップ間に差別待遇を持ち込んだ。店主のやる気があって、経営も前向きなナショナルショップとそうでない店に区分けし、松下からのサポートなどに差をつけたのである。そのさい、前者を「スーパープロショップ」（ＳＰＳ）と名付け、約五千六百のナショナルショップを選んだのだった。

その一方で、松下電器は従来の系列販売網に代わる有力な販売ルートとして大手家電量販店への接近を強めた。ヤマダ電機がコジマを抜いて家電量販トップに立った二〇〇二年の夏頃には、松下の営業幹部がヤマダの本社がある前橋市に足繁く通う姿が見られるようになった。山田社長と「どうすれば、売れるようになるのか」、例えば新製品投入のタイミングや市場動向などについて教えを乞うため、である。ヤマダとの蜜月時代の始まりである。

また、松下の営業現場でも、営業マンはヤマダを始め家電量販店の売り場を頻繁に回って、売り場の意見に耳を傾けるようになっていた。系列店重視から一変した松下の営業スタイルに驚きを隠せない量販店も多かったという。

現在では、松下電器の家電部門の売上高は家電量販店ルートが六割、系列店ルートが四割となり、逆転現象が起きている。そして今後も、家電量販店ルートの売上高が増える傾向にある。かつては二万七千店あったナショナルショップは、一万八千店にまで減少している。

松下の系列政策に詳しい業界紙の記者は、松下の意向についてこう言う。

「松下は、本当は（ナショナル）ショップを切りたくてたまらないのです。ショップへのサポートは（コストが）高くつきすぎるので止めたいのです。でもそれを口に出して言ったら、大変なことになってしまいますから、絶対に言えません。松下のショップ対策では、スーパープロショップ以外は切りたいと考えています。それも三千八百店ぐらいまで減らすつもりといいますから、スーパープロショップでも経営が悪くなったら、切るつもりだと思います。だいたい、量販とショップでは、松下の卸値は全然違います。ショップのほうが高いのです。だから、ショップ（の商品）には価格競争力はありません。高くて売れません。そういうことを考えると、松下は、（ショップを切るための）準備も含めて進めているのだなと思いました」

松下の系列政策がナショナルショップの削減にあるなら、ショップにとってコスモス・ベリーズのＢＦＣへの加盟は生き残るひとつの選択肢であろう。系列店のまま、ＢＦＣに加盟できることは、ショップにとってリスクが少なくて済むし、ヤマダ電機と同じ卸値で系列以外の製品が調達できるから、量販店よりも卸値が高い松下の系列製品と違い、価格競争力がつくことになる。ある意味、良いことずくめである。

コスモス・ベリーズ設立からわずか二年で、ＢＦＣの加盟店は約二・五倍の二百六十八店舗にまで急増している。ＦＣなどを含めたチェーン店舗全体が三百二十三店舗だから、ＢＦＣは約八三パーセントを占めることになる。地域の電気店からの加盟がスムーズに行われていると言えるだろう。しかも加盟店も、東海地方だけでなく北海道など全国各地への広がりを見せている。加盟店三千店舗を目指すという会長の三浦一光の言葉も、かなりの説得力を持つ。

まさに、松下電器、ヤマダ電機、コスモス・ベリーズ、地域の電気店全体にとってハッピーな筋書きである。しかし問題は、前述したように、隠された「条件」をどう捉えるかで違ってくる。例えば、ヤマダ電機と同じ卸値とはいえ、売値も同じにできるわけではない。大量に販売するヤマダでは、薄利多売が可能だが、地域の電気店ではそうはいかないから売価はヤマダよりも高くなる。社長の山田昇は、近くのテックランドをショールーム代わりに使いなさいと加盟店にアピールするが、テックランドへ行って加盟店よりも値段が安いと分かったら、買い物客がわざわざ戻って加盟店で購入するだろうかという疑問が拭えない。

人口十万以下の商圏の開拓を狙うヤマダ電機だが、その実情は問題山積といったところである。というのも、あらゆるアイデアや理屈が、ヤマダの成長性を前提にしているからである。ヤマダが永遠に右肩上がりなら、四方丸く収まるかも知れない。そして松下とヤマダの蜜月も続くに違いない。しかしそれらは、すべて仮説にすぎない。

なお、松下電器は広報を通じて三千八百店舗までの削減説を否定するとともに、むしろ地域の電気店の持つ地域に密着した細やかなサービスが今後は重要になるし、これまで以上にサポートに力を入れていると反論した。

9 コンプライアンス

ヤマダ電機の「横暴さ」に対する怨嗟の声がメーカーや納入業者、その周辺から絶え間なく上がる一方、「昔のヤマダは良かった」とかつてのヤマダ電機を懐かしむ声も少なくない。そしてヤマダの変貌は、年間売上高一兆円を達成した二〇〇五（平成十七）年以降から始まったと指摘する声は多い。しかしそれ以前に、すでに前兆はあった。

ヤマダ電機社長の山田昇が故郷・宮崎に九州地区の出店第一号として「テックランド宮崎本店」（宮崎市）をオープンしたのは、一九九二（平成四）年七月のことである。それから八年後の二〇〇〇（平成十二）年一月、宮崎県日向市に「テックランド日向店」を出店した。

日向市は宮崎県の北部に位置し、太平洋に面した「港湾工業都市」である。ヤマダ電機が出店した当時は、人口は六万人弱の小さな地方都市であった。ヤマダの出店地の前には国道十号線が走っており、道路を挟んで斜向かいに地元の家電量販店「マルセイ電器日向店」がすでに営業していた。

マルセイ電器日向店は隣の延岡市に本社を置く丸誠電器の店舗で、丸誠にとって二番目の店舗だった。そのころ、丸誠電器は年商十億円程度で、いわば小さな地方の家電量販店に過ぎなかった。それに対してヤマダ電機は、年商約三千三百億円（二〇〇〇年三月期）で各地に出店し、急成長中の企業であった。三ヵ月後の四月には福岡市にも出店し、九月には東証一部上場が控えていた。

丸誠電器社長の節賀《せつが》誠は宮崎県出身で、地元の高校を卒業すると、大阪の家電量販店に就職した。約三年間、現場で働きながら必死に家電販売のノウハウや経営の要諦などを勉強したのち、宮崎県延岡市に戻った。そして一九六八（昭和四十三）年、節賀は個人経営の電気店「セツガ電器」を創業した。その後、丸誠電器と社名変更し、八八（昭和六十三）年に法人（株式会社）に組織変更し、現在に至っている。

延岡市でも、家電戦争は起きていた。他県からダイエーやベスト電器など大手量販店が次々と進出し、地域の電気店や地元の量販店を巻き込んで家電戦争は激化した。だが、丸誠電器は厳しい商戦を戦い抜いて、隣の日向市に二号店を出すまでになった。規模の違いこそあれ、節賀誠はヤマダ電機社長の山田昇と似た歩みを辿っている。高卒の叩き上げのトップという意味では、節賀も山田も同じ苦労をした同志と言っていい。

ちなみに延岡市は、山田の姉の嫁ぎ先である電気店「一宮電機商会」が店仕舞いをした因縁の土地でもある。

ヤマダ電機のテックランド日向店がオープンすると、ヤマダはマルセイ電器日向店に価格調査のため店員を送り込むようになった。毎日二十人から三十人が調査に訪れることに対して、マルセイ日向店の店長の古谷浩二らは当初、威圧感や戸惑いを感じたという。というのも、日向店の売場面積は約百五十坪しかない小型店舗だったからである。しかし社長の節賀誠の「いくらライバル会社とはいえ、敵対する行動は控えるように」との指示もあって、大量の調査員を受け入れていた。

デジカメ事件

丸誠電器社長の節賀誠には、ヤマダ電機とはフェアな関係でいたいという強い思いがあった。というのも、節賀の次女が二年ほどヤマダ電機に勤めていたこともあって、ヤマダに対する印象が悪くなかったからである。節賀の次女は、幼い頃から商売が好きで高校の三年間、マルセイ電器でアルバイトした経験を持つ。就職活動のシーズンを迎えたとき、ヤマダ電機の宮崎本店の社員募集を知って応募し、九七（平成九）年に入社した。裏表なく一生懸命働く姿から上司の信頼も厚くなり、高い評価を受けるようになった。だが、ヤマダ電機が日向に出店することが決まったことを知り、競合店で働き続けることにためらいを感じた次女は退社を決意する。その後、次女の決断を知ったブロック長や店長、フロア長などから慰留されたり、あるいは上司や同僚たちから盛大な送別会を開いてもらうなど、次女は惜しまれて退社した。

そうした経緯を聞かされていたこともあって、節賀誠は日向店ではヤマダ電機と競争するにしても、友好的な雰囲気は持ち続けたいと思っていたのだった。

しかし節賀の思いとは裏腹に、両社の友好的な雰囲気は長続きしなかった。ヤマダ電器の価格調査の仕方が、次第にエスカレートしていったからである。ヤマダ日向店の店員たちは、店頭価格の調査のさい、「価格は見ても、メモはしない」という紳士協定を無視するようになった。メモ禁止は、上州戦争や他の地区での家電戦争でも各量販店同士の暗黙のルールとなっていたものである。

マルセイ電器日向店の店長である古谷は、口頭で注意するとともに、店内に「価格のメモ書きは禁止します」と注意書きを貼り出した。だが、ヤマダ日向店の店員は止めようとはしなかった。両店の関係は、次第に雲行きが怪しくなっていった。そしてヤマダの出店から二ヵ月後の三月、マルセイ日向店の社員がヤマダ日向店に価格調査に出かけると、フロア長の羽田幸蔵が突然、デジタルカメラで顔写真を撮ったのだった。抗議するマルセイの社員に対して、羽田は「社長命令ですから」というだけだったという。

それを知った丸誠電器社長の節賀誠は激怒し、ヤマダ電機日向店の店員が価格調査のためマルセイ日向店に出入りすることを禁じた。この「デジカメ事件」以降、友好的な雰囲気は消え去り、両社の間に緊張感が走ることになった。その後、ヤマダ電機日向店の店長がデジカメ事件を謝罪し、再度価格調査の許可を求めたものの、節賀は認めなかった。ヤマダに対する不信感を拭うことが、どうしても出来なかったからである。

二〇〇〇年十月初旬、ヤマダ電機日向店長の加藤剛次がマルセイ日向店を訪れた。そして店長の古谷浩二に「本部から（マルセイ日向店と）競争するように言われた。もう宣戦布告します」と価格競争を宣言した。それを丸誠電器社長の節賀は、受けて立った。ヤマダと丸誠電器による本格的な「安売り合戦」の始まりである。

節賀の周囲では「ヤマダ（電機）とだけは、戦争するな」という忠告の声が、圧倒的に多かった。節賀自身も「ここで戦わなければ、お客様はヤマダに流れてしまう」と思う反面、「いったいヤマダはどこまでやるつもりなのだろうか」と体力の違いからくる不安に襲われる日々が続いたことは事実である。しかし山田昇以上に負けず嫌いな性格の節賀は「潰されてたまるか。利益が出なくても徹底的に戦おう」と最終的に決断する。だが、そうした節賀の心意気に共感しながらも、大会社と戦うことに動揺を隠せない一部の社員が辞めていくのを、節賀には止めようがなかった。

ヤマダ電機日向店では、店内にマルセイ日向店のチラシを貼り出し、「このチラシよりも10パーセント安くします」と表示し、さっそく安売りを仕掛けた。ヤマダの得意の手法「他店より10パーセント安くします」である。

ヤマダ電機日向店がマルセイ日向店の店頭価格よりも一〇パーセント安くすれば、今度はマルセイがさらに安くし、それを見たヤマダがその価格よりもさらに一〇パーセント安くするといったことが様々な商品で繰り返された。その結果、他の地域では十万円以上で売られているパソコンが、ヤマダ・マルセイの両店では五万円以下といった原価割れの値段が付けられるまでになった。

これでは、もう「安売り競争」や「安売り合戦」とは言えない。小売店が赤字覚悟で商品を販売するのは、もはやビジネスとは呼べないからだ。ヤマダとマルセイ両日向店の販売競争は、商売というよりも相手を潰すための「消耗戦」と思われても止むを得ないであろう。ただし、体力は大手家電量販店のヤマダ電機のほうが圧倒的にあるので、持久戦になれば、ヤマダの絶対的な有利は動かない。そのうえ肝心の売場面積は、ヤマダの約一千坪に対してマルセイは七分の一の約百五十坪しかなかった。

しかし、二ヵ月半に及んだ「価格戦争」は、マルセイ電器日向店に勝利をもたらした。ヤマダ電機が十一月三十日に突然、「他店よりも10パーセント安くします」という手法を中止したからである。

当初のヤマダ電機優位の予想が覆ったのは、社長の節賀誠の「ヤマダなんかに負けてたまるか」という強い意思とともに、日向店長の古谷ら丸誠電器全員が団結して価格競争に立ち向かったためであろう。対抗上、ヤマダが原価割れの価格を出せば、マルセイも原価割れを覚悟しなければならない。しかしそのままでは、日向店は赤字になり、経営が成り立たなくなる。そこでその赤字を、新たに始めたリサイクル事業の利益で補うなど全体でカバーしたのである。というのも丸誠電器では、ヤマダとの価格競争を店舗間の競争ではなく会社の存亡をかけた戦いと見なしていたからである。

「バッタ商品」という中傷

しかしヤマダ電機との戦いは、それで終わらなかった。

十二月に入ると、口コミによる攻防が始まり、翌二〇〇一（平成十三）年三月には、ヤマダ電機の日向店内に《お客様へ》と呼びかけるポスターが、各フロアに所狭しと張り出されたのである。その数は、ゆうに百枚は超えた。

《他社のお店で、正規取引仕入れ以外でのバッタ商品を中心に販売しています。「キズのある商品」・「旧型商品」・「納期がかかる商品」がございます。ご注意下さい。

当社（ヤマダ電機テックランド日向店——筆者註）販売商品は正規取引ルートより仕入れた商品です。ご安心してご購入下さい。

当社価格保証での原価割れ商品販売方法については、公正取引委員会指導によりシステム的に販売を行っております。ご安心下さい》

「他社のお店」と匿名になっていたが、来店客が訊ねると、ヤマダの店員は「他社のお店」がマルセイ日向店を指すことを教えた。

赤地に白抜きのポスターはそれだけでも目立つのに、黄色の大文字が使われている「バッタ商品」は、とくに目立った。そして「バッタ商品」は、マルセイ攻撃の最大の武器となった。ヤマダ電機日向店では、店員たちが来店客に対してマルセイ日向店を中傷する次のような発言を続けたのだった。

「マルセイ電器の商品は新古品、バッタ商品なので安い。仕入れが違うので、メーカーのサービスが受けられない、保証がない」

「マルセイはメーカーと取り引きしていないので、保証も修理もききません」

「マルセイさんの値段には、対応できません。ヤマダ電機の原価を割っていますし、あそこは傷物だったり、メーカーの保証が利かないから（安い）」

来店客が「マルセイも見てきます」と店員に告げると、「マルセイは止めたほうがいい。保証書が付いていないB級品。壊れた場合、アフター（サービス）が利かない」

こうした発言は、不安を抱いた顧客が事実かどうかマルセイの日向店に問い合わせたため、店長の古谷たちの知るところになった。また、口コミで広がり、周辺から彼らの耳に入るケースもあった。

ある日、マルセイ日向店を訪れた買い物客が店長の古谷浩二に「マルセイさんの商品は保証書もない、保証の利かないバッタ商品ですと聞きましたが、本当ですか」と真顔で聞いてきたため、古谷はすかさずそれはデマで、保証書も付いているし、メーカー保証も利きますと説明した。さらに古谷は、買い物客が希望する商品を見せるとともに、保証書も付いていることを確認してもらった。しかし買い物客は「やっぱり、大きな店のほうが安心だから」と言い放つと、斜向かいのヤマダ電機日向店に向かって歩き出したのだった。

古谷は改めて口コミの怖さと大手企業と戦う不利さを感じるとともに、「またか」と思った。じつは、ヤマダ電機の日向出店が決まったあと、丸誠電器が日向市から撤退する、あるいは倒産するという噂が瞬く間に流れ、来店客数が激減し売上高も減少してしまうという事件があった。悪質なデマとはいえ、いったん人の口にのぼると止めようもなく、古谷たちは誤解を解くため広告を出したり、仕事が終わったあと、得意客を一軒一軒訪問して説明するなどさまざまな努力を余儀なくされた。そのとき、古谷は口コミやデマの怖さを身にしみて感じさせられていたのである。

しかし今回は、ヤマダ電機と正面衝突を覚悟しなければならない。古谷の危機感は、いっそう募った。とりあえず、前回と同様に、噂やデマの誤解を解くためにチラシを作って配布することにした。いわゆるゲリラ戦である。

丸誠電器は、正々堂々と対抗措置を講じた。

ひとつは、日向店の店頭に「ヤマダさんより必ず安くします。」と書いた大きな立て看板を設置したことである。もうひとつは、チラシ広告にヤマダの中傷に反論する四コマや五コマ漫画を掲載したことである。

掲載された漫画には、いくつかのパターンがあった。

ひとつは、マルセイのチラシ広告を持参した男性が「他店より10パーセント安くします」のチラシを配布した電気店を訪れ、チラシ広告の価格からの一〇パーセント引きを求めるものの断られるというものである。「原価を割る」「本社の指示で」という理由で店員が断るシーンとともに、「やっぱりしてくれないんだ」と太文字で強調し、最後のオチは笑顔の買い物客と「やっぱり頼れる丸誠電器に行こう」で終わっている。いわば「一〇パーセント引きをしない」パターンである。

二つ目は、ヤマダの日向店内に貼り出されたポスターの内容を取り上げたものである。女性の買い物客が店員に「他社のお店」がどこか訊ねると、店員は「マルセイ電器の事です」と答える。すると、女性客はマルセイが創業三十四年の地元の家電専門店で、デタラメな事を言うと訴えられるよと睨みつける。店員は冷や汗をかきながら、「価格戦にも負けたのでこうでもしないとほかに対抗できないんですよ」と白状し、女性客が「ワッハハハハ」と大笑いし、「地元のマルセイの方が安くて安心だね」で終わる。「価格戦争に勝った」パターンである。

三つ目は、同じくポスターの内容を取り上げたものだが、今度は「マルセイで買うとメーカー保証がききませんよ」という店員に「メーカーには保証する義務があるでしょ」と女性の買い物客が反論し、メーカーの男性も「その通りです。メーカー保証はバッチリききます」と宣言する。すると、店員は「すいません。うそを言ってしまいました」と謝り、最後のコマで大声で笑う女性の顔とともに「マルセイは、とことん消費者の味方です」とアピールした「保証が利かないはウソ」パターンである。

その他にも違う内容のものもあるが、概ね三つに大別することができた。そしていずれの漫画にも「ヤマダ電機」の名前は出てこないものの、ヤマダと丸誠が対立関係にあることは地元では周知のことなので、漫画に登場する悪役の店員がヤマダ日向店の店員であることは明らかだった。

こうして、ヤマダ電機と丸誠電器の戦いは、価格競争から「情報戦」に移るとともに激しさを増していったのである。そしてついに、ヤマダ電機が丸誠電器を訴えるという事件が起きる。二〇〇一年（平成十三）八月にヤマダ電機が丸誠電器を刑事告訴すると、丸誠電器も同年十一月に反告訴して応戦。次に同年十二月にヤマダが民事訴訟を起こすと、丸誠も翌〇二年八月に反訴した。両社の主戦場は、法廷の場へと移ったのである。

本社が計画した会社ぐるみの行為

二〇〇一年十二月二十五日、ヤマダ電機は株式会社丸誠電器と社長の節賀誠、日向店長の古谷浩二の法人を含む三者を被告とした三千万円の損害賠償請求訴訟を前橋地方裁判所に起こした。

訴状によれば、《被告（丸誠電器——筆者註）らの不当広告により営業利益を侵害され、かつ、社会的名誉及び営業上の信用を侵害された原告（ヤマダ電機——同）が、被告会社並びにその代表者である被告節賀誠及び被告会社日向店店長の被告古谷に対し、不法行為による損害賠償を請求するものである》とある。具体的に問題となったのは、丸誠電器の対抗措置である日向店前の立て看板とチラシ広告に載せた漫画である。

ヤマダ電機が「ヤマダさんより必ず安くします。」というマルセイ日向店の立て看板を問題視するのは、《原告は大量仕入れにより、商品をできる限り安く販売しており、それ故に消費者の支持を受けて後述のような大企業に成長した会社であり、被告会社が全ての商品を原告より安い価格で販売することはおよそ不可能である》と考えるからである。そこから、《原告の著名な「ヤマダ」ブランドを自社の広告の比較対象として掲げることにより、原告の集客力を不当に利用》していると訴えた。つまり、「安売り」で消費者の支持を受けて大企業になったヤマダよりも丸誠電器が安くできるはずがないし、マルセイ日向店の立て看板はヤマダ電機のブランド力を利用して集客力アップを狙ったものであるというのである。

チラシ広告では「価格競争に負けた」という表現を問題視し、《原告（ヤマダ電機）は、平成13年3月期の売上高が4721億4600万円、同経常利益が164億0300万円、平成13年3月現在の従業員数が5358名の大企業である。また、平成12年9月には、東京証券取引所市場第1部に上場を果たしている優良企業であり、さらに、後述のとおり平成13年9月期には売上高業界1位に躍り出るなど、右肩上がりの成長を遂げており、被告会社（丸誠電器）はもちろん、競合他社との競争に負けたことなど一切ない》と主張している。後述とは、《平成

13年9月中間期には、売上高2594億8800万円（前年同期比5066億7000万円増、増加率124%）を記録し、株式会社コジマを抜いて業界1位に躍り出ている》ことである。

ただし、訴状に添付された資料「甲第6号証　平成14年3月期　中間決算短信（非連結）」（ヤマダ電機）によれば、訴状の《平成13年3月期の売上高が4721億4600万円》は四千七百十二億四千六百万円が正しく、《（前年同期比5066億7000万円増、増加率124%）》は五百六億六千七百万円増の二四・三パーセントである（傍点、筆者）。

正式の業績資料があるにもかかわらず、訴状でクライアント（ヤマダ電機）の業績を間違えるなど、あまりに杜撰と言わざるを得ない。ヤマダ電機の訴訟に対する姿勢が疑われるというものである。

丸誠電器のチラシ広告に関しては、これまでヤマダ電機は競合他社との価格競争に負けたことはないし、丸誠電器にも負けていないから、チラシ広告にあるような姑息な手段を使わなければ太刀打ちできないということはない、と反論する。

ヤマダ電機の訴状に対する丸誠側の答弁書が、翌二〇〇二年二月一日に出されている。答弁書は、ヤマダの請求を棄却することを求め、全面的に争う姿勢を明らかにした。

答弁書では、ヤマダ電機による他店価格の一〇パーセント引きの販売方法を、次のように批判している。

《たとえ原価われをして、一定期間損失を出しても競合店の客を奪うことによって、競合店被告会社（丸誠電器——筆者註）の売上を減少させ、被告会社の経営破綻をねらうという、極めてアンフェアなやり方である。しかも、巨額な資金力にものをいわせて、一地方の弱小競合店を力ずくでつぶしていこうとするやり方である》

そのうえで、ヤマダ電機日向店内に貼られたポスター及びメーカーの保証について、こう反論している。

《被告会社の家電商品はいずれも一流メーカー等正規の業者から、正規に仕入れ・購入しているものばかりであり、不良商品やキズ物・バッタ商品等を仕入れてこれを正規の商品として販売したことは昭和43年の創業以来今日までの約30年間、一度たりともしたことはない。

従って、被告会社が正規の商品として販売した全商品について製造メーカーの保証がなされているものであり、被告会社の販売する商品にはメーカーの保証がないとの被告訴人（ヤマダ電機——筆者註）らの話は根も葉もない悪質なデマである》

その後、丸誠側の宮崎地方裁判所（延岡支部）への移送申し立てが認められ、法廷はヤマダ電機の本社がある群馬県前橋市から宮崎県延岡市へ移される。実質的な審理が始まるのは、七月に入ってからである。

そして八月、丸誠電器はヤマダ電機の訴えに対して、三千万円の損害賠償と朝日新聞など六紙に謝罪広告の掲載を求めて反訴した。丸誠側が問題視したのは、ヤマダ電機日向店内に張り出されたポスターと、来店客にマルセイ日向店が扱う家電製品はバッタ商品などの発言に対してであった。

　それに対して、ヤマダ電機は反訴答弁書（平成十五年一月十日）で、意外にも争うことなく発言それ自体は認めている。

《反訴被告（ヤマダ電機——筆者註）日向店の店員が、来店客に対し、反訴原告（丸誠電器——同）が「メーカーから仕入れていない」「正規ルートで仕入れていない」「バッタ商品を売っている」「メーカー保証がきかない」等の趣旨の発言をしたことは認めるが、具体的な言葉については知らない。

　反訴被告本社が、上記のような説明をするよう日向店店員に指示したことは認めるが、それは、上記発言内容の事実を確認したうえで、反訴被告日向店に来店した顧客に対し、反訴被告の販売価格の正当性を説得するためにしたものである》

　反訴答弁書はヤマダ電機日向店での店員の発言を認めるだけでなく、それが本社(本部)の指示のもとに行われたと主張する。つまり、店同士の競争が激化し、つい逸脱した行為に走ったという偶然性のものではなく、本社が計画し日向店に指示して店員に発言させた会社ぐるみの行為であったというのである。

　しかしヤマダ電機本社の当事者のひとり、森宗一郎は当時、本社営業本部で中国・四国・九州エリアの既存店対策室のエリアマネージャーとして、丸誠電器との問題では本部で指示を出していた本人である。その森宗は、反訴答弁書から約半年後に提出した陳述書で正反対のことを述べている。

《私を含めて当社の営業本部からは、当社日向店の店員に対して「マルセイの商品はメーカー保証がきかない」という説明を指示したことは一切ありません》

こうした不一致は裁判上の戦略なのかどうか知るところではないが、一般的にはヤマダ側が訴訟方針を統一しないまま、裁判に臨んだように見える。ヤマダ側が何のために訴訟を起こしたのか、疑問に思った点である。

メーカー保証についての見解

裁判は、ある意味、原告・被告双方の駆け引きの場でもあるので、審理内容や経緯については触れない。ただ裁判に対する大手メーカーの姿勢を窺える箇所があるので、それを紹介しておきたい。

ヤマダ電機は「準備書面（3）」（平成十五年三月十日）で、《正規ルート以外で仕入れた商品についてはメーカー側は初期不良交換に応じていない（甲17、甲18）。これらの事実に対して原告の従業員が「マルセイの商品はメーカー保証がきかない」と発言することは嘘ではない》として、東芝、日立製作所、三洋電機、三菱電機の四社の担当者から聴き取り調査した結果を一覧（甲第17号証）にして添付している。四社とも丸誠電器とは取引関係がない、初期不良交換には応じないと回答している。

さらに提出された陳述書でも、東芝と三洋電機、松下コンシューマーエレクトロニクス（松下電器の販売部門）の三社は改めて丸誠電器とは取引関係のないこと、丸誠に自社製品を直接納入することがないこと、初期不良交換は取引関係のある納入先小売店にのみ対応していることを証言している。つまり、ヤマダ電機の主張の正しさをメーカー側から補強しているのである。なお三菱電機ライフネットワーク（三菱製品の販売会社）は、丸誠電器と取引関係がないことだけを伝えてきている。

三社の陳述書は、概ね似た形式かつ表現で書かれていたが、とくに最終部分には興味深い三者共通の「注意」内容があった。

《万一当社製品について部品交換や修理等のために回収の必要が生じた場合、取引関係のある小売店については速やかな対応が可能ですが、そうでない業者については当社が把握できていないのですから、速やかな対応をすることができなくなります》（松下コンシューマーエレクトロニクス）

つまり、同じ製品を購入しても買った場所が違えば、故障等の際の対応に差が出てくるというのである。

東芝の陳述書は、他の二社と違い、丸誠電器について個別にも触れていた。

《このたび、丸誠電器株式会社のチラシを拝見いたしましたが、当社（関係会社含む）より納

入されていない東芝製品が数多く掲載されているのをみて、違和感を覚えました》

ところが、東芝は丸誠側が宮崎県弁護士会を通じて弁護士法に基づく「照会」を申し入れたさい、「丸誠電器との間に直接の取引が一切ない」ことを理由に回答を拒否している。これには、それこそ違和感を覚えざるを得ない。

弁護士会からの照会に回答した三洋電機（回答は、三洋電機サービス）と日立コンシューマ・マーケティングは、丸誠電器と取引契約を結んでいないにもかかわらず、修理サービスなどの請求に応じてきたこと、初期不良交換を行ったことがあると回答している。ただし日立は、丸誠電器からの初期不良交換の請求を断ったことがあるとも回答した。その理由を《原則として不良交換は、お客様と丸誠電器様間で解決して頂く問題と考えているからです。これは他の販売店様でも同様です》と答えている。おそらくヤマダ電機に対しても同様に、初期不良交換を拒否しているものと思われる。

メーカー保証に関しては、裁判官によるヤマダ電機日向店の二代目店長だった津隈剛に対する質問（津隈証人調書）も興味深い。

裁判官　それから、保証がきくかきかないかに関して、丸誠の売った商品が具体的に保証がきかなくてトラブルになった事案とか、そういうことがあったということを証人は認識していますか。

津隈剛　していません。
裁判官　そういうことがあったというのを、具体的に認識した人から聞いたことはありますか。
津隈剛　聞いたことはないです。

ヤマダ側の証拠を裁判所が疑問視

二〇〇四（平成十六）年六月十五日、ヤマダ電機が三千万円の損害賠償等を求めて丸誠電器を訴えた裁判の判決が下りた。宮崎地方裁判所延岡支部が下した判決内容は、ヤマダ電機の請求をことごとく退けるとともに、丸誠電器に対して百十万円の損害賠償の支払いを命じるものだった。

判決内容で、とくに留意すべき箇所をあげると——。

「バッタ屋」および「バッタ商品を中心に販売している」というヤマダ電機の主張に対する判断は、次のようなものだった。

《バッタ商品とは、バッタ屋が販売する商品という程度の意味であるところ、大辞林（甲第13号証）においては、バッタ屋とは、「正規の流通経路を通さずに仕入れた商品を安値で売る商人」と定義されていることが認められるから、同定義をもとにする限り、被告会社（丸誠電器

――筆者註）がその販売を自認している「メーカーのその再販売店以外から仕入れた商品」をバッタ商品と表現すること自体は不可能とは言えない。

しかしながら、平成12年11月から同13年2月まで中国、四国及び九州地域の原告会社（ヤマダ電機――同）のエリアマネージャーであった訴外森宗一郎（以下「訴外森宗」という。）は、その証人尋問において、被告会社は、家電についてはその大半を卸売店から仕入れていると思う、同被告の店頭に並んでいる全ての商品の点数でいくと恐らくバッタ商品の方が少ないと思う旨証言しており、逆に、被告会社が、正規取引仕入れ以外のバッタ商品を中心に販売していることを窺わせる具体的な証拠はないから、「被告会社が、正規に仕入れたのではない『バッタ商品』を中心に販売している。」との部分は虚偽である可能性が高いと言わざるを得ない》

そして、こう結論づけている。

《バッタ商品には、単に正規の流通経路を通さずに仕入れられた商品というだけではなく、倒産品や余剰品というかなりネガティブなイメージも含まれているということができるから、実際にそのようにいえるだけの具体的な根拠がないにもかかわらず、そのような商品を中心に販売していると顧客に対して告知することは、競争業者に対する信用毀損行為になると言わざるを得ない。しかしながら、証人津隈剛及び同森宗一郎の証言及び原告提出の証拠によっても、被告会社が、倒産品や余剰品を中心に販売していたと認めることはできないし、ほかにそのように認められるだけの根拠もないから、原告が、「被告会社が、正規に仕入れたのではない

『バッタ商品』を中心に販売している。」との事実を顧客に告げたことは、被告会社に対する信用毀損行為になると言わざるを得ない》

次の、メーカー保証の有無と、大手電機メーカーの陳述書に対する評価についての裁判所の判断は、非常に興味深いものであった。

《原告提出の書面中には、大手電機会社もしくはその製品の販売会社の社員名義の書面で、各社は、正規の取引関係のない販売店が入手し販売した製品については初期不良交換に応じない旨が記載された書面（但し、いずれの書面にも、初期不良交換以外の修理やアフターサービスについては詳しいことは分からない旨記載されている。）や大手電機メーカーの担当者が原告側に対し被告会社の場合には初期不良交換に応じないと回答した旨の原告側作成の報告書が存在する（略）。しかしながら、証拠（略）及び弁論の全趣旨によれば、被告側代理人が宮崎県弁護士会を通じて行った照会に回答する形で、三洋電機サービス株式会社（三洋電機株式会社の家電製品のアフターサービスを担当）及び日立コンシューマ・マーケティング株式会社は、いずれも、被告会社とは取引契約をしていないものの、修理の依頼には応じてきていること、及び、取引契約関係のない販売店から修理サービスの請求があった場合にも応じている旨回答している（なお、同回答においては、特に原告が主張する初期不良交換を修理の対象から除外する等の記載はない。）ことが認められる》

つまり、メーカーからのヤマダ電機に対する回答と弁護士会の照会によって得た回答には、食い違いが見られると指摘しているのである。それを踏まえて、丸誠側が提出した書類――実際に修理や初期不良交換に応じた控えや伝票――から、メーカーが丸誠電器で購入した製品の保証をした事実があったと判断し、《逆に、被告会社が販売した商品について、顧客が購入後に初期不良交換を含めて保証（修理）を受けられなかった事例があったことを認められるだけの根拠はない》と結論づけている。

その結果、ヤマダ電機が提出した証拠類に疑問符を付けている。

《大手電機会社もしくはその製品の販売会社の社員の作成名義の文書が仮に本当に同名義の人物が作成したものであるとしても、その記載内容が実際の取扱いと合致しているかどうかは極めて疑わしいものと言わざるを得ない（その意味では、同文書が、本当に大手電機会社の社員が作成したものといえるか自体に疑問があるといえるが、上記各文書が真性なものであることを前提としても、その記載内容はあくまで製造業者としての建前を記載したものに過ぎず、実際の取扱いは同記載内容とは異なっていると考えるほうがむしろ自然であり、常識的と言える。）し、前記原告側作成の報告書の正確性にも疑問を差し挟まざるを得ない》

率直にいえば、ヤマダ電機が提出した証拠や資料は信用できないということである。ちなみに、判決文中の「同文書が……前提としても」までは、高裁判決では削除されている。

《製造業者は、建前はともかくも、実際には、自らが製造した製品であれば、その流通ルートにかかわらず顧客からの保証ないし修理要求に応じるものと認めるのが相当である（実際に、

原告側証人である訴外津隈や同森宗でさえ、メーカーの保証書がついていれば、メーカーの保証は利くと証言している。)》

また、判決の画期的な点は、ヤマダ電機の日向店内での「メーカー保証が利かない」とか「バッタ商品」といった店員の中傷発言が店員の独断ではなく、本社からの指示にもとづく会社ぐるみの行為であると事実認定したことである。

裁判中、地元では「蟻と巨象の戦い」と揶揄されながらも、孤軍奮闘する丸誠電器の姿に「ナショナルチェーン（全国展開する大手量販店）に押し潰される地方店」という、それまで絶対と思われていた構図が崩されることを期待した関係者も少なくなかった。丸誠電器の勝利は、その意味では、丸誠だけのものではなかった。

ヤマダ電機との価格競争が始まった二〇〇〇年三月期、マルセイ日向店の年商は約三億円だった。裁判の最中の二〇〇二年三月期には六億四千八百万円と倍増する成長を続けている。その勢いは、衰えることはなかった。地裁判決が出た〇四年頃には、丸誠電器の年商（延岡店、日向店）は約二十億円、約四年で倍増していた。

しかしその反面、悪いことも起きた。一方的に取引を中止してきたメーカーや、修理などの対応が悪くなったメーカー系のサービス会社が出てきたからだ。その後、訴訟は最高裁までいくものの、上告棄却となり地裁での判決が確定した。法廷の場での戦いは、とりあえず終結したものの、現在もヤマダとマルセイの両日向店の競争は続いている。

長女の事故死と「会社の私物化」

裁判を通して感じたのは、自分の五百分の一の年商しかない地方の小さな量販店に対して、どうしてあれほどまでに卑劣な行為ができるのかという情けなさである。丸誠電器社長の節賀誠は、かつての山田昇自身ではないか。山田は相手が大メーカーであれ強大なライバル店であれ、力にモノをいわせる大手の理不尽さと戦って今日のヤマダ電機を築いてきたはずではなかったのか。なのに、かつての敵対した相手と同じ仕打ちをするのはなぜであろうか。

私は、山田昇が二〇〇二年に長女を交通事故で失ったことと無関係ではないと考えている。当時長女は、入社三年目の二十六歳で、ヤマダ電機の社長室長（課長職）を務めていた。

長女を知るメーカーの関係者は、こう回想する。

「娘さんは性格的にも人間的にも、若いのにできた人でした。社内外からの人望が厚かったのは、ワンマンな山田社長に対してでも『ダメなものはダメ』と諌める勇気と信念があったからです。その娘さんが亡くなり、山田社長に面と向かって是々非々でモノを言える社内の人間がいなくなったことが、山田社長の『暴走』に歯止めがかからなくなった一因だと思います」

山田昇は娘を死なせた男性に対して、七億円あまりの損害賠償を求める訴えを前橋地方裁判所に起こした。賠償請求が高額になったのは、五十歳で娘が社長に就任することを想定し、給与などの逸失利益や慰謝料等を含めたからである。当時、毎日新聞（二〇〇四年十月七日付）が「山田社長は将来、長女を社長に就任させるつもりだったとし、生涯所得から生活費を除いた逸失利益約6億円に慰謝料などを合わせた額を賠償請求した」と報道するなど、新聞を含む各メディアは高額な賠償請求に驚き、いっせいに報じている。

二〇〇七（平成十九）年一月、前橋地裁は山田の主張を認めず、不確定要素が多いことなどを理由に「原告が主張するような昇給をするとは認められない」という判断を示した。代わって、全労働者の平均賃金を基礎収入として逸失利益を算出し、六千七百万円の支払いをその男性に命じた。

人の命には値段は付けられないと考えるので、金額の多寡については触れない。しかし私が留意したいのは、山田昇が娘を二十四年後の五十歳の時にヤマダ電機の社長にするつもりだったことを公表したことである。

ヤマダ電機は上場企業である。上場とは、自分の会社を社会に売却することである。それゆえ、上場企業には、経営のいっそうの透明性が求められている。しかし、ヤマダ電機の代表権を山田一族で独占し、二人の副社長を甥で固めたうえ、創業者とはいえオーナーではない山田昇が二十四年後の社長まで決めることは、社会では「会社の私物化」という。

エピローグ●誰のための激安なのか

ヤマダ電機が新規オープンするさい、いまや風物詩とも言うべき「目玉商品（格安商品）」を買い求める客の長蛇の列が早朝、東京・品川のＪＲ大井町駅近くにも現れた。その日、二〇〇七（平成十九）年十一月二日、ヤマダ電機の都市型店舗「ＬＡＢＩ（ラビ）品川大井町」がオープンしたのである。

ラビ品川大井町は、七月に東京・池袋にオープンしたラビ池袋に次ぐ東京でのラビ型店舗の二号店である。ただし従来のラビ型と違うのは、初めて二棟構成をとったことである。もともとラビ品川大井町は、八月末に閉店した百貨店・丸井の店舗跡地に出店したものである。丸井の店舗は、大井町再開発事業で建設された大小二棟のビルにオープンした。ひとつは品川区立総合区民会館との複合施設（八階建て）で、丸井は一階から六階を使用していた。

ラビ品川大井町では複合施設の方を「デジタル館」とし、もうひとつを「生活館」としてオープンしている。二つの売場面積は約五千五百坪、大阪のラビワンなんばに次ぐ広さである。取扱商品は約百万点で、初年度の年間売上高目標は三百億円。オープニングセレモニーで挨拶に立ったヤマダ電機副社長兼ＣＯＯの一宮忠男は「品揃えやサービスなどあらゆる面で、ラビの旗艦店と位置づけ、お客様のニーズに応えていきたい」と期待のほどを語った。

しかしラビ池袋と違って、同じＪＲ線の駅の近くにあるとはいえ、山手線のターミナル駅である池袋駅沿いと山手線から離れた京浜東北線の駅沿いとでは、乗降客の数や利便性でも大きなハンデがあると言わざるを得ない。社長の山田昇は秋葉原にあるヨドバシカメラの大型店舗「マルチメディアＡｋｉｂａ（あきば）」をライバルと見なしているが、福岡や大阪のケースでも分かるように疑問である。

その後もヤマダ電機では、ラビ型店舗の都内出店を新宿や渋谷、新橋、秋葉原などで予定していると言われる。こうしたヤマダの拡大路線は、全国各地でテックランドや小型店舗、あるいはフランチャイズ展開などによって推進されている。

ヤマダ電機の拡大路線のもうひとつの特徴は、Ｍ＆Ａ（企業の合併・買収）である。主なところでは、二〇〇二年に買収した神奈川県を中心に店舗展開をしていたディスカウントストアの「ダイクマ」（本社・平塚市。当時）や、二〇〇七年五月の公正取引委員会による立ち入り検査直後に発表された「ぷれっそホールディングス」の子会社化、同年九月のディスカウントショップ「キムラヤセレクト」の子会社化などが挙げられる。

なお、ぷれっそホールディングスは、傘下に大阪・日本橋（電気街）の家電量販店「マツヤデンキ」や東京・秋葉原に店舗を構える家電量販店「サトームセン」など三社を抱える企業グループである。また、キムラヤセレクトはサラリーマンの街「新橋」や、東京地区の駅前に店舗展開している。

サトームセンとキムラヤの店舗展開地区は、ヤマダ電機が未開拓か、弱い地区である。とくに秋葉原と駅前に足がかりを得たことは、都心進出に積極的なヤマダにとって、狙い通りのM&Aだったと言えるだろう。それら既存の店舗をヤマダのテックランドやラビに業態変換すれば、一挙に都心での多店舗展開は可能になる。

まだM&Aには成功していないが、ヤマダ電機は業界七位のベスト電器（本社・福岡市）の株の買い増しを執拗に続けている。ヤマダがベスト株を大量に買い進めていることが明らかになったのは、二〇〇七年八月のことである。そのとき、ヤマダはベスト株を五・二四パーセント保有していた。九月に入ると、保有率は六・四七パーセント、七・七一パーセント（六百三十一万株）と上昇を続けた。その間、ヤマダは一貫してベスト株の購入を「純投資」と説明してきた。

だが、日本経済新聞（二〇〇七年九月二十二日付）によれば、前言を撤回し、ベスト電器との提携を目指して、《当面は経営への発言権を強めるため》保有比率を二〇パーセントまで買い増す意向を明らかにしたという。そして《最終的にはヤマダがベスト株の四〇％を保有する構想を示した》。

ヤマダ電機がベスト電器を欲しがる理由のひとつは、ベスト電器が広島のデオデオと同様に、優れた自前の補修・修理サービス部門を持っていることである。広島戦争では、ヤマダはデオデオの細やかなサービスに負けたと言っても過言ではなかった。それを独力で補おうとしても、サービス事業は人材も含めて一朝一夕では育たない部門である。それゆえ、ヤマダは「提携」あるいは傘下に置くことで、ベストのサービス部門を自由に使いたいと考えたのであろう。

もうひとつは、ベスト電器は福岡市を中心に九州全土に厚い地盤を持つだけでなく、台湾や香港など東南アジアにも早くから進出して拠点を構えていることである。年間連結売上高三兆円を目指すヤマダ電機にとって、将来は国内市場だけでなく海外にまで目を向けることは不可欠になる。

ヤマダ電機の株買い増しに対して、ベスト電器は業界五位のビックカメラと提携するとともに第三者割当増資を行い、ビックカメラがヤマダを抜いて九・九パーセントのベスト株を保有するに至っている。

こうしたベスト電器の自己防衛策にヤマダ電機社長の山田昇は不快感を露わにしていると言われるが、これまでのヤマダ電機の手法を考慮するなら、山田が黙って引き下がるとは考えにくい。ここでも、ヤマダが台風の目であることには変わりはない。

ヤマダ電機の唯一かつ最大の武器は、述べてきたように「安売り」である。だが、ヤマダで売られる商品は、本当に「安い」のであろうか。たしかに、オープンセールや何かのイベントやフェアで売られる商品は「格安」である。また、「タイムセール」と呼ばれる特別な時間帯では価格の割引率が高くなるから、他の時よりも安い。

しかしそれらは、開店当日に朝早くから並ぶとか、あるいはセールの期間や時間帯を狙って来店する一部の客だけに許された「特別な安値」である。ローコスト経営の結果、低価格が実現できたというなら、すべての来店客が「いつでも」「どこでも」「どの商品」でも低価格の恩恵を享受できなければ、意味がない。

社長の山田昇自身、ヤマダの「安売り」について述べている。

《「業界としてこの商品は安売りしないで儲けたいと考えているような商品は採算を度外視したような安売りはしません。店舗によっても、価格や品揃えは違うしね。競合店がすぐ傍にある店は安くするけど、競合店のない店舗はそんなことはしないよ。そうやってメリハリをつけて、全体としては利益が出るわけ。それを一律で考えるから『利益が出るのかな』と思うわけ。まあ、そう思ってもらえれば、イメージ戦略としては成功なんだけど」》(『プレジデント』、一九九六年六月号)

つまり、「ヤマダ電機は商品が安い」というイメージが大切で、そのイメージさえ定着すれば、経営は成り立つというのである。そのイメージの定着のために、価格競争を仕掛け、激安の大量のチラシをまき、テレビなどの宣伝も行うのである。そしてその後遺症として、一般消費者は原価割れしているのではと思えるくらいの安い値段を付けない限り、商品に「安さ」を実感できなくなっている。もちろん、全商品に原価割れの値段を付けたら、商売は成り立たない。だから、ますますイメージ戦略が重要になってくるのである。裏返すなら、私たちは日常的に安い商品を買っていないのである。

他方、メリハリをつけた価格競争を仕掛けても、勝つとは限らない。相手が自分の強みを自覚し、その土俵で腰を据えて価格競争に応じたとき、ヤマダ電機は勝てなかった。山田の言う「うちが出れば常に一番店になりますから」は実現していない。デオデオと戦った広島しかり、ベスト電器の福岡しかり、圧倒的な存在感を示したヨドバシカメラの大阪しかり、である。そして宮崎県日向市では、売場面積百五十坪の丸誠電器の日向店に約一千坪のヤマダ日向店は、口コミなどによる中傷という違法な手段を使っても価格競争に勝つことはできなかった。裁判では完敗している。

家電量販店の「強さ」とは、いったい何なのであろうか。そしてそれは、誰のためのものであろうか。

ヤマダ電機は今後も、年間連結売上高三兆円を目指して、ひたすら「拡大路線」を邁進することであろう。しかしその拡大路線の果てに、いったい何が待っているのか。

あとがき

松下電器やソニーなど家電メーカーの取材は、二十年近く及ぶものの、家電量販店の取材は初めてだった。正直なところ、ヤマダ電機を始め取材拒否が多かったことに驚かされた。とくにヤマダ電機の名前を出すと、さらに取材相手の口は重くなった。

全国展開する家電量販店、地域の有力家電量販店、電気店（地域店）の各店舗を出来るだけ多く観察したいと思い、各地を回った。とても印象的だったのは、地域の量販店や電気店がユニークで、さまざまな新しい取り組みに挑戦していたことである。たしかに、総合的には売上高も企業規模も、全国展開する家電量販店のほうがはるかに上である。

しかし企業としての魅力、新しい時代を切り開くといった期待感は、地方の家電量販店や有力電気店により多く感じた。接客態度ひとつとっても、モラールが違った。大手量販に潰されてたまるかという気持ちもあるのだろうが、若い店員が一生懸命に、そして生き生きと働いている場面をよく見かけた。

時には、意地悪い質問をしたり、わざと展示商品を落としたりして、店員の反応を見た。そんな横柄な態度にも嫌な顔ひとつせず、丁寧にしかも笑顔を絶やさず、素早く対応する店員が多かったことには正直驚かされた。というのも、予備取材の段階で、家電量販店業界の人材の質の低さをよく聞かされていたからである。逆に取材を通じて私は、社員や店員の質の高さとは何を指しているのだろうかと考えさせられたものである。

いずれにしても、先入観を持つことの危うさを再認識させられた取材行であったことは間違いない。そしてそれは、私に家電量販店の将来は、けっして大手だけが握っているものではないという思いを強くさせた。

ヤマダ電機の取材は半年以上にも及んだが、その間、私を捉えて離さなかったのは「理念なき拡大膨張」という言葉である。ヤマダ電機のホームページ（ＨＰ）を見れば、いろんなヤマダの理念が語られている。例えば、ＣＳＲ（企業の社会的責任）に対する考えには、目を見張るものがある。しかし理念は語られるだけでなく、行動して初めて意味を持つ。そういう意味では、宮崎県日向市の丸誠電器との訴訟で明らかになったヤマダ電機の行動は、少なくともヤマダのＣＳＲ倫理綱領に反していると言わざるを得ない。

社長の山田昇氏は、ヤマダ電機を「リーディングカンパニー」と称する。しかし売上高トップであることが、業界の「指導的な企業」であることとイコールではない。リーディングカンパニーとは、業界を代表する企業であるとともに、同業他社の模範となる企業のことである。いまふうに言うなら、「品格」が備わった企業である。

そして企業が社会的な存在である限り、社会に責任を持つ企業であることに他ならない。株主だけではなく社会に対してもコミットメントする企業のことである。

例えば、いまなお世界で絶大な人気を誇る「経営の神様」松下幸之助氏は、昭和三十五（一九六〇）年に、五年後には「松下電器を週休二日制にする」とコミットメントした。当時の日本では、誰も考えておらず、松下の労働組合も反対したという時代である。しかし五年後、松下電器は週休二日制を実施した。社会や他の企業に対する波及効果は、計り知れないものがあった。さらに五年後には、ヨーロッパ並の賃金の実現をコミットメントした。高度成長期に入った頃とはいえ、日本はまだ貧しく、ヨーロッパ並の賃金など信じられない高給であった。しかしそのコミットメントも、幸之助氏は守った。

では山田氏とヤマダ電機は、どのようなコミットメントを社会にしてきたであろうか。そしてそれは、投資家に限らず、広く社会からリーディングカンパニーとして認知されるものであったろうか。執筆を終えて、改めて思い浮かぶ私の疑問である。

二〇〇七年十一月

立石　泰則

本書は、月刊『現代』２００７年9月号、10月号に掲載された記事に大幅な加筆、修正を加えたものです

立石泰則　たていしやすのり

1950年、福岡県北九州市生まれ。中央大学大学院法学研究科修士課程修了。『週刊文春』記者などを経て、88年に独立。現在、ノンフィクション作家・ジャーナリスト。93年に『覇者の誤算　日米コンピュータ戦争の40年（上・下）』（日本経済新聞社）で第15回講談社ノンフィクション賞を受賞。2000年に『魔術師　三原脩と西鉄ライオンズ』（文藝春秋）で99年度ミズノスポーツライター賞最優秀賞を受賞する。その他の著書は、『ソニーと松下』、『ソニーインサイドストーリー』、『淋しきカリスマ　堤義明』（以上、講談社）、『ソニー厚木スピリット』（小学館）、『働くこと、生きること』（草思社）など多数。

ヤマダ電機《でんき》の品格《ひんかく》――No.《ナンバー》1企業《きぎょう》の激安哲学《げきやすてつがく》――

二〇〇八年一月七日　第一刷発行

著者…………立石泰則《たていしやすのり》

発行者………野間佐和子
発行所………株式会社講談社
東京都文京区音羽二-十二-二十一　郵便番号一一二-八〇〇一
電話　〇三-五三九五-三五一七(月刊現代編集部)
〇三-五三九五-三六二二(販売部)
〇三-五三九五-三六一五(業務部)
印刷所………大日本印刷株式会社
製本所………株式会社国宝社

定価はカバーに表示してあります。
落丁本・乱丁本は、購入書店名を明記のうえ、小社業務部あてにお送りください。
送料小社負担にてお取替えいたします。
なおこの本についてのお問い合わせは月刊現代編集部あてにお願いいたします。

ISBN978-4-06-214378-3　N.D.C916 224p 19cm